浄土教の十念思想

岡 亮二

法藏館

浄土教の十念思想　目次

浄土教の十念思想

一、〈無量寿経〉の生因思想

はじめに

今日『無量寿経』には、七種の異本が存在している。漢訳の五本と梵本およびチベット訳である。漢訳について、伝承に従って翻訳年代順に列挙すれば、

一、仏説無量清浄平等覚経	後漢　支婁迦讖訳
二、仏説阿弥陀三耶三仏薩楼仏檀過度人道経（大阿弥陀経）	呉　支謙訳
三、仏説無量寿経	曹魏　康僧鎧訳
四、無量寿如来会	唐　菩提流志訳
五、仏説大乗無量寿荘厳経	宋　法賢訳

となる（以下、一を『平等覚経』、二を『大阿弥陀経』、三を『無量寿経』、四を『如来会』、五を『荘厳経』と略称する。またチベット訳は、漢訳『無量寿経』と直接関係がないと考えられるので、この研究では扱わない。なお〈無量寿経〉と

〈　〉を付して表記する場合は、『無量寿経』を中心に諸異本の全体を含むことにする)。

これらの七種の経典は、いずれも阿弥陀仏の本願とその浄土を説いているので、同一の経典ではあるが、その内容は大きく異なっている。いずれも梵本から翻訳されたと考えられるが、この経典の中心思想である「願文」だけを取り上げても、その数と配列および内容が、完全に一致している経典は、まったく存在していない。しかも経典の根本である、衆生の生因を示す願の思想が、各経典において大きく異なっているのである。これは一体何を意味するのか。一般的には、梵本そのものが時代によって、時代の思想に即応するように改編されたと考えられている。そこで〈無量寿経〉の研究に関して、各々の経典の成立順序が、大きな問題になっている。今日の定説に従えば、翻訳の順序が必ずしも原典の成立順序と一致していないし、また翻訳者に関しても、『如来会』と『荘厳経』を除いては、いずれも疑問視されている。ただし今は翻訳者については、研究課題ではないので除くことにし、ここでは成立順序を問いながら、思想の展開を考えることにしたい。

この経典の成立に関しては、戦後ほどなく二つの説が発表された。一は池本説であり、他は薗田説[1]である。前者は、『大阿弥陀経』を最も初期成立とし、以下、『平等覚経』→『無量寿経』→『如来会』→『梵本無量寿経』→『荘厳経』と順次成立したとする。後者もまた、第一に『大阿弥陀経』、第二に『平等覚経』をみるのであるが、以下はまったく順序が逆転し、『荘厳経』→『梵本無量寿経』→『如来会』となって、『無量寿経』を最後の成立とみる。ただし今日の〈無量寿経〉の研究者は、ほとんど前者の説に従っている。[2]

とすれば、『大阿弥陀経』が最も古く、次いで『平等覚経』が成立した点に関しては、異論は存在せず、すでに決定していると考えてよいのではないかと思われる。それはこの二経典と他の経典の間には、「空」思想の有無という決定的な違いがみられるからで、前者には、大乗仏教の根本思想である菩薩道と空思想の内、空の思想がいまだみられない。そこでこの二経典は、大乗経典中の最も初期の経典だとみられている。また二経典とも、願文の数が二十四なので、一般的に二十四願経、あるいは、初期成立の〈無量寿経〉であるので、〈初期無量寿経〉と呼ばれている。

それに対して、他は〈後期無量寿経〉と呼ばれる。それらの経典の願文を数えれば、『無量寿経』と『如来会』が四十八願、『梵本無量寿経』が四十七願、『荘厳経』が三十六願なので、『荘厳経』が三十六願経、その他が四十八願経とも呼ばれるのである。さて、浄土真宗では『無量寿経』を所依の経典とする。したがってこの研究の中心は、『無量寿経』の生因思想ということになる。そこで『無量寿経』の生因思想を中心的に捉え、他の諸異本の思想と、どう関係しあっているか、という角度から考察を試みたい。まず〈後期無量寿経〉を『無量寿経』に代表させれば、〈無量寿経〉の生因思想は、『大阿弥陀経』→『平等覚経』→『無量寿経』と展開することになる。では、最も初期の『大阿弥陀経』において、生因思想はどのように捉えられていたのであろうか。

一　『大阿弥陀経』の生因思想

『大阿弥陀経』において、衆生の弥陀浄土への往生の因を説く箇所は、願文においては、第五・第六・第七の三願であり、成就文においては、三輩段にそれを見ることができる。生因三願と三輩段に往生の行が示されているのである。それに第四願も生因思想と大きく関係しているので、まずこれらの思想を窺うことにしよう。

第四に願ずらく、某作仏せしめん時、我が名字をして皆八方・上下の無央数の仏国に聞こえしめん。皆諸仏をして各々比丘僧大坐の中に於て、我が功徳国土の善を説かしめん。諸天・人民・蜎飛・蠕動之類、我が名字を聞かば慈心歓喜踊躍せざる者なけん。皆我が国に来生せしめん。この願を得ば乃ち作仏せん。この願を得ざれば終に作仏せず。

（第四願、使某作仏時、令我名字皆聞八方上下無央数仏国、皆令諸仏各於比丘僧大坐中説我功徳国土之善。諸天人民蜎飛蠕動之類、聞我名字莫不慈心歓喜踊躍者、皆令来生我国。得是願乃作仏。不得是願、終不作仏。）

第五に願ずらく、某作仏せしめん時、八方・上下の諸の無央数の天・人民及び蜎飛・蠕動之類、若し前世に悪を作すに、我が名字を聞きて、我が国に来生せんと欲はん者は、即便ち正に返りて自ら過を悔い、道の為に善を作し、便ち経戒を持して、願じて我が国に生まれんと欲ひて断絶せずば、寿終りて皆泥犁・禽獣・薜荔に復らず。即ち我が国に生まれて心の所願に在らしめん。この願を得ば乃ち作仏せん。この願を得ざれば終に作仏せず。

（第五願、使某作仏時、令八方上下諸無央数天人民及蜎飛蠕動之類、若前世作悪聞我名字、欲来生我国者、即便返正自悔過為道作善便持経戒、願欲生我国、不断絶、寿終皆令不復泥犁禽獣薜荔、即生我国在心所願。得是願乃作仏。不得是願終不作仏。）

第六に願ずらく、某作仏せしめん時、八方・上下の無央数の仏国の諸天・人民、若しは善男子・善女人、我が国に来生せんと欲せば、我を用ふるが故に益々善を作し、若しは分檀布施し、塔を遶り香を焼き、花を散じ灯を燃し、雑絵綵を懸け、沙門に飯食せしめ、塔を起て寺を作り、愛欲を断じて、斎戒清浄にして、一心に我を念じて昼夜一日に断絶せずば、皆我が国に来生して、菩薩と作らしめん。この願を得ば乃ち作仏せん。この願を得ざれば終に作仏せず。

（第六願、使某作仏時、令八方上下無央数仏国諸天人民、若善男子善女人、欲来生我国、用我故益作善、若分檀布施、遶塔焼香、散花然灯、懸雑絵綵、飯食沙門、起塔作寺、断愛欲、来生我国作菩薩。得是願、乃作仏。不得是願終不作仏。）

第七に願ずらく、某作仏せしめん時、八方・上下の無央数の諸天・人民、若しは善男子・善女人、菩薩道を作すことありて、六波羅蜜経を奉行し、若しは沙門と作りて、経戒を毀らず、愛欲を断じ、斎戒清浄にして、一心に念じ我が国に生まれんと欲し、昼夜に断絶せずば、若し其の人、寿終らんと欲する時、我れ即ち諸の菩薩・阿羅漢と共に飛行して之を迎へて、即ち我が国に来生し、則ち阿惟越致の菩薩と作りて、智慧勇猛ならしめん。この願を得ば乃ち作仏せん。この願を得ざれば終に作仏せず。

（第七願、使某作仏時、令八方上下無央数仏国諸天人民、若善男子善女人有作菩薩道、奉行六波羅蜜経、若作沙門、不毀経戒、断愛欲、斎戒清浄、一心念欲生我国、昼夜不断絶、若其人寿欲終時、我即与諸菩薩阿羅漢共、飛行迎之、即来生我国、則作阿惟越致菩薩、智慧勇猛。得是願乃作仏。不得是願終不作仏。(3)）

真宗学的にみて、第四願がまず問題になる。伝統的解釈に従えば、この願文は魏訳『無量寿経』の、第十七・第十八両願の原形だと目されて、往因願だとの見方が成り立っているからである。なぜなら、この願文後半の、第十八願に重なる部分、「聞我名字莫不慈心歓喜踊躍者皆令来生我国」は、親鸞によって「我が名字を聞きて、慈心せざるはなけん。歓喜踊躍せん者、皆我が国に来生せしめ(4)」と読まれ、歓喜踊躍する者はすべて、阿弥陀仏の浄土に往生せしめられることになって、「歓喜踊躍」がまさしく往因を示していると、受け取れなくはないからである。だがこの訓点は、やはり親鸞的読み方だというべく、経の立場から願意に即して読むとすれば、ここは、

我が名字を聞きて、慈心歓喜踊躍せざる者なけん。皆我が国に来生せしめん。

となり、「我が名を聞けば、すべてのものは必ず慈心に歓喜するであろう。それらをすべて我が国に来生せしめる」

と解されて、衆生の往因行の意はみられなくなるのである。

なぜなら親鸞的読み方では、「聞名」によって「歓喜踊躍」することが、生因のごとく受け取れたのであるが、原典的読み方では、「聞名」は単に衆生の忻慕心を起こさせる要因にとどまっているからである。ところでこの願の特殊性は、実はかく衆生に忻慕心を起こさせることにこそあるといわねばならぬ。阿弥陀仏の本願の建立は、ただ一切の衆生を摂取するためであるが、その大慈心が名号を通して衆生の心まで届かねばならない。衆生は独力でその名号を聞く力を持っていないから、阿弥陀仏は今、十方世界の諸仏をして、その諸仏国土の衆生に名号を聞かしめようとしている。したがって、諸仏の説法によって、諸仏国土の一切の衆生は、すべからく歓喜踊躍して、弥陀の浄土に往生したいと願うであろうとする弥陀法の伝達と、衆生が起こすであろう心の必然性が、この願の願意になるのである。かくて諸仏国土の各々の衆生は、それぞれの能力に応じて、阿弥陀仏の本願を聞き、具体的に往生の行業を起こすことになる。そこで、誰がどのような行を修せばよいかが、次の第五・第六・第七の三願で説かれるのである。

さて、これら生因三願を窺うに、第五願では悪人者の往生が、第六願では在家者善人の往生が、第七願では出家菩薩道者の往生が示されて、その三願は、経典の後半に説かれる三輩段と対応している。三輩段の一々が、生因三願それぞれの成就文となっているのである。各々を対応させれば、第五願が下輩段に、第六願が中輩段に、第七願が上輩段に当てはまる。

まず第五願から問題にしよう。一体、下輩者とはいかなる衆生であり、その往生はいかにして可能となるのであろうか。「下輩者」とは、衆生として最も劣れる者という意である。衆生が下輩者になる因縁を、第五願では「前世作悪」と表現する。前世で悪業を重ねたが故に、いま現に極悪なる状態で苦悩せしめられているとするのである。

この者の救いが、第五願で誓われているのである。では今、悪苦に苛まれている者は、どうすれば弥陀の浄土に往生することができるのであろうか。

ここでまず示される第一の要件は、「聞名欲生者」だといえる。「聞名」とは阿弥陀仏の名を聞くことであるが、この第五願は、明らかに第四願の内容を受けているから、「聞名」はそのまま、「弥陀の功徳およびその国土の善」を聞くことを、同時に意味している。「欲生者」とは、弥陀および浄土の荘厳を聞いて、かの土に生じたいと、心をふり向ける者という意である。さればこの本願では、悪人一般を一応救済の対象に置きながら、その悪人の内、誰が救済の対象になるかが示されるのであって、その要件に当てはまるのが、弥陀の名号を聞いて欲生心を起こす者となる。したがって、「聞名欲生者」以外は、浄土には生じえない。

これが第一の要件だとすれば、「正に返りて自ら過を悔い（返正自悔過）」から「願じて我が国に生まれんと欲ひて断絶せず（願欲生我国不断絶）」までが第二の要件となる。弥陀およびかの国土の善を聞き、欲生の心を起こしたものは、自ら己の過ちを悔い改めねばならない。自己の悪にめざめ、正に返ったものは、すすんで道のために善をなし、経戒をたもたねばならない。その上で、阿弥陀仏の浄土に生まれたいと一心に願じつづける。これが第二の、より重要な要因である。されば第五願に、悪人の往生を説くといっても、悪人が悪人のままで往生することを許すのではない。この悪人は、「たとえ以前に悪をなしていても」の意であって、往生する当人は、今正に返って善を修さねばならないのである。そしてその善が、さらに具体的に下輩段で説かれるのである。

『大阿弥陀経』の下輩段は非常に長い。そこでその内容を要約すれば次のごとくである。

一、下輩者は、阿弥陀仏国への往生を欲しながら、布施作寺起塔等の善行をなす能力を持っていない。

二、そこでまさしく愛欲を断ち、貪慕なく瞋恚せず、精進して斎戒清浄にし、一心に念じて阿弥陀仏国に生ぜんと欲し、昼夜十日断絶してはならない。されば布施等の善をなせずとも、寿終りてかの土に往生することを得る。

三、ただし、この法を信ぜず、疑いを抱いて作善をなすものは、かの土に生を得ても、化土にしか生じえない。

四、作善とは、まさに不殺生、不偸盗、不邪淫、不調欺、不飲酒、不両舌、不悪口、不妄語、不嫉妬、不貪欲・不瞋恚・不愚痴等の十善業を指す。この法を奉持するものは、かの土に生じることを得る。故に必ず斎戒し一心清浄にして、昼夜十日常に念じ、阿弥陀仏国土に往生したいと欲して断絶してはならない。

五、十日十夜斎戒をたもちえないものは、念を絶ち憂いを去り、婦人と同床せず、身心端正にして愛欲を断じ、一心斎戒清浄にして、意を至して阿弥陀仏国に生ぜんと念じて、一日一夜断絶しなければ、寿終りてその国に往生する。(5)

これによれば、下輩段に示される善行とは、他人のためになす善行ではなくて、ただ自分自身に課せられた最小限度の斎戒をたもつことになる。これはその救いの対象が、他のための善をなしえない者に対してであるから、当然のことだといえよう。そこでこの者は、弥陀法を信じ、ここに示される十善戒等をたもちながら、一心清浄にして、昼夜十日常に念じて阿弥陀仏国に往生したいと欲する。もしだめな場合は、一日一夜だけでも斎戒をたもって一心に願生する。下輩の往因はこのようにまとめられるのではないかと思う。したがって、この下輩段でことに戒められることは、この教えに疑惑を抱くことだといわねばならない。そこで疑いを抱く作善者への、化土往生が説かれるのである。

では第六願および中輩段には、いかなる往因が説かれているのであろうか。この願の救いの対象は、善男子善女人である。それは阿弥陀仏の浄土への往生を願う、財産を持っている在家の信者だといえる。そこでこの者にとっての善とは、仏教教団に対して布施をなし、自ら仏教儀式を行うことに尽きる。塔をめぐり、香を薫き、花を散らし、灯火をともし、種々の幢旛をかけ、僧侶に飯食を施す。さらに塔を建て、寺を作る。そして愛欲を断ちて往生を願えと、その善行が願文で誓われる。成就文ではこの最後の部分がいま少し補足されて、このような善行をなしつつ、仏法を心から信じ、瞋怒をなさず、斎戒清浄にして、慈心に精進して、愛欲の念を断ち、阿弥陀仏国に往生したいと欲し、一日一夜断絶しなければ、必ず往生すと説かれる。ただしここでも、この教えを疑うものは、化土にしか往生しないとされる(6)。

第七願および上輩段の往生思想は、出家した沙門がその対象となっている。そこでこの願の往因行は、大乗菩薩道の六波羅蜜行となる。したがってこの者の行道は、沙門となり、経戒を毀損せず、愛欲を断じ、斎戒清浄にして、一心に念じて、阿弥陀仏の浄土に往生したいと欲し、昼夜を断絶せずして、ただその行道に邁進することが求められる。ではかく一心に浄土往生を願う沙門と、他の出家の仏道者には、どのような違いがみられるのであろうか。第七願には、往生を願う沙門の臨終時に、阿弥陀仏が菩薩・阿羅漢と共に、飛行してこの者を迎え、浄土に往生せしめて、即阿惟越致の菩薩になさしめると説かれる。上輩段の思想もこれとまったく同一で、この点、他の仏道者にはみられない、最大の特徴となっている(7)。

さてこのように、『大阿弥陀経』の第五、第六・第七の三願に、衆生の生因思想をみるのであるが、ではこの三願の内、いずれがこの経典にとって、最も重要な願となっているのであろうか。第五願が、下輩悪人者の往生を、第六願が、中輩在家善人者の往生を、第七願が、上輩出家沙門の往生を説くことからして、見方によれば、上輩者の往生を説く第七願が、最も重要だといえなくはない。だが〈無量寿経〉が、一切の衆生を救う、阿弥陀仏の大悲を説く経典である限り、生因願中、最も最初に置かれている、下輩者の往生を示す第五願が、最重要願だとみるべきだと思う。これは下輩段が、最も力説されていることからも知られるが、〈無量寿経〉の思想の展開において、悪人往生の思想に、最も大きな変化が見られることによっても明らかである。しかもその悪人往生こそ、純正浄土教者が求めた仏教である。そこで以下、この悪人往生の願に焦点をあてて、往因思想の展開を考えることにしたい。

二　『平等覚経』の生因思想

1　願文の配列

『大阿弥陀経』から『平等覚経』へ、〈無量寿経〉の思想が展開する。この二経典の関係は、願文の配列と偈文の有無を除いては、その他少しの違いはあるにせよ、その内容はほとんど完全に一致している。ただしこの違いが、『平等覚経』の方が後の成立だとする、決定的な証となっている。〈無量寿経〉諸異本のなかで、偈文が存在しないのは『大阿弥陀経』だけで、『平等覚経』において、はじめて嘆仏偈と往観偈の二偈が加えられ、それが〈後期無量寿経〉に受け継がれているからである。また願文の数は、二経は共に二十四願であるが、その配列には大きな違いがみられ、『平等覚経』と〈後期無量寿経〉の願文を比較すると、願の数は四十八・三十六と大きく異なっていながら、第二十四願までの配列には、それほど大きな違いはみられない。そういった意味で、『平等覚経』から〈後期無量寿経〉に思想は展開したとされているのである。

さて、『平等覚経』の悪人往生の願は第十九願である。なぜ『大阿弥陀経』の第五願が、このように移動したのであろうか。この必然性を知るためには、『大阿弥陀経』と『平等覚経』の、願文配列の構造を窺う必要がある。そして後者の思想が、〈後期無量寿経〉へと展開していくのであるから、ここに後期の〈無量寿経〉の願文の構造をも重ねて検討していくことにしたい。まずこれら三経の、願文配列の比較対照を試みよう。

三経の本願比較対照表

	『大阿弥陀経』の願文	平覚	大阿		『平等覚経』の願文	寿経	平覚		『無量寿経』の願文
1	無三悪趣	1	1	1	無三悪趣	1	1	1	無三悪趣
2	転女成男蓮華化生	欠	8	2	不更悪趣	2	2	2	不更悪趣
3	国土自然七宝自然	欠	15	3	悉皆金色	3	3	3	悉皆金色
4	諸仏称説聞名歓喜	17	9	4	人天不異	4	4	4	無有好醜
5	悪人悔過作善得生	19	22	5	悉知宿命	5	5	5	宿命智通
6	善人作善得生	欠	17	6	天眼智通	6	6	6	天眼智通
7	作菩薩道臨終来迎	18	10	7	悉知他心	9	9	7	天耳智通
8	不更悪趣	2	17	8	神足智通	7	7	8	他心智通
9	面目殊好悉同一色	4	17	9	天耳智通	8	8	9	神足智通
10	皆同一心予相知意	7	11 12	10	無有愛欲	10	10	10	漏尽智通
11	無淫瞋痴	10	新	11	住止涅槃	11	11	11	住正定聚
12	敬愛無嫉	10	20	12	弟子無数	14	13	12	光明無量
13	供養請仏供物如意	22	24	23	光明絶勝見光明来生	12	14	13	寿命無量
14	飲食自然	23	19	14	寿命無量	13	12	14	声聞無数
15	悉皆金色三十二相	3 21	21	15	眷属長寿	15	15	15	眷属長寿

16	17	18	19	20	21	22	23	24	
説法如仏	天眼天耳神足勝諸仏	説経行道勝諸仏	寿命無量	菩薩阿羅漢無数	眷属長寿	宿命徹知	眷属光明	光明無量見光明来生	
24	6 9 8	欠	14	12	15	5	欠	13	
新	4	7	5	新	15	13	14	16	
16	17	18	19	20	21	22	23	24	
莫有悪心	諸仏称歎聞名歓喜	作菩薩道臨終来迎	悪人聞名正道得生	一生等	三十二相	供養諸仏供物如意	飲食自然	説経如仏	
16	17	19	20	22	21	23 24	欠	25	
16	17	17	18	19	21	20	22	22	24
16	17	18	19	20	21	22	23	24	25
無不善名	諸仏称揚	至心信楽欲生十念	至心発願来迎引接	植諸徳本至心回向	三十二相	一生捕処	供養諸仏	供具如意	演説一切智

まず『大阿弥陀経』の願文配列の構造を窺おう。この経ではまず最初に、十方世界の一切の衆生が、必然的に阿弥陀仏の浄土に生まれたいと願わしめるために、この国土がいかに勝れた浄土であるかが誓われる。第一願から第三願までがそれを示すのであって、衆生が精神的・肉体的・物質的に、最も恐れている迷いの要素が、この浄土には存在しないとするのである。それが第一の地獄・餓鬼・畜生の三悪道なし、第二の性的差別なし、第三の国土は自然に七宝に満ち、広大で豊かである、との誓願になる。そこでこの法の伝達が第四願で、阿弥陀仏の名号と浄土の功徳の善が、十方の諸仏の説法讃嘆によって、その国土の一切の衆生に聞かしめられ、衆生は必ず歓喜踊躍するであろうと、誓われるのである。かくてここに生因願の成立をみる。最も重要であるべき生因願が、なぜ第五願か。衆生をして、心を浄土に向けさせるためには、以上の四願がどうしても必要であったからだと窺えるのである。生因願は、第五・第六・第七の三願である。阿弥陀仏信仰は本来的に、いかなる悪人も、阿弥陀仏の大悲によっ

て救われる道が示されている仏教だといえる。したがって、阿弥陀仏の誓いよりいえば、第一に悪人の往生がその目当てになるのであるから、まず第五願に悪人の往生が、次の第六願で、在家一般の善人の往生が、そして最後の第七願で、菩薩道の往生が誓われるのである。これに対して成就文は、衆生の側の往生の論理であるから、上輩・中輩・下輩の順になり、その下輩が最も重要なので、この部分がことに詳説されているのである。

かくて第八願からは、阿弥陀仏の浄土に生まれた衆生の功徳と、阿弥陀仏ご自身の功徳が誓われることになる。ひとたび浄土に生まれた菩薩は、他方国土に至っても、絶対に悪趣には至らない。さらに国中の菩薩は、皆端正浄潔であって好醜なく、その心には三毒の煩悩なく、心からたがいに敬愛して諸仏を供養すること自在であり、自然に百味の飲食に恵まれ、悉く皆金色に輝いて三十二相を有し、説法すること仏のごとくである。第八願から第十六願まで、このように浄土の菩薩の功徳が示されるのである。

そして最後、第十七願から二十四願までが、阿弥陀仏が他の諸仏に超えて勝れているという、仏自身の功徳を誓う本願となる。『平等覚経』以後の〈無量寿経〉では、浄土の衆生の功徳として誓われる願となるが、『大阿弥陀経』では第十七願と第十八願で、阿弥陀仏自身が他の諸仏に超えた、天眼・天耳・神足を有し、智慧・説経・行道も諸仏に勝ること十倍だとされる。その上で、第十九願で阿弥陀仏の寿命が無量であることを誓い、再び第二十願から第二十三願で、浄土の眷属について、国土の菩薩・阿羅漢が無数であり、その衆生の寿命は無量、智慧が勇猛で宿命を知り、各々が光り輝いているとする。かくて第二十四願で阿弥陀仏の光明が無量であると結ぶのである。

以上、『大阿弥陀経』の願文の構造を要約すれば、

一、阿弥陀仏の国土の善　（第一願〜第三願）

二、法の伝達　（第四願）
三、他方国土の衆生の往因　（第五願～第七願）
四、阿弥陀仏の国土に生まれた菩薩の功徳　（第八願～第十六願）
五、阿弥陀仏自身とその眷属の功徳　（第十七願～第二十四願）
となる。

さてこの『大阿弥陀経』の願文が、『平等覚経』において大きく再編成される。〈無量寿経〉の願文の一つの特徴は、第一願文が阿弥陀仏の浄土には、地獄・餓鬼・畜生の三悪道なしとする誓いで一致している点である。そこで『大阿弥陀経』と『平等覚経』でも、第一願のみは一致するが、その他はすべて組み替えられているのである。「三経の本願比較対照表」の『大阿』『平覚』『寿経』は、『大阿弥陀経』『平等覚経』『無量寿経』の略である。それぞれの経典の願文は、第一願より順次列挙しているが、『平等覚経』『大阿弥陀経』『無量寿経』の項の数字は、上段または下段の願文と対応している。そこで『大阿弥陀経』と『平等覚経』の関係をみるに、『大阿弥陀経』においては、まず阿弥陀仏の国土の有様が説かれていた第二願・第三願と、在家善人の生因願である第六願、それに阿弥陀仏と浄土の衆生の行道を説く第十八願・第二十三願が、『平等覚経』では削除されている。次に『大阿弥陀経』の第十一願・第十二願が『平等覚経』の第十願に統合、逆に、『大阿弥陀経』の第十五願が『平等覚経』の第三願と第二十一願に、また第十七願が第六願・第八願・第九願の三願に分かれて、その三願では内実そのものが、弥陀の功徳から浄土の衆生の功徳に大きく変化している。第三に『平等覚経』において、第十一願・第十六願・第二十願の三願が新たに成立する。かくてこの経の願の配列構造は、次のように改編されることになるのである。

まず第二願から第十願までに、『大阿弥陀経』の浄土の菩薩の功徳を、衆生の功徳として改編し、新たに成立した第十一願で、その衆生は必ず涅槃に至ると示す。次に第十二願から第十六願で、阿弥陀仏の仏弟子が無数であること、この仏の光明と寿命が無量であること、さらにその衆生の寿命も無量であることが誓われ、さらに新たな願で、この国土には悪心あるものなしとする。かくてここではじめて、この法の伝達とその浄土への生因が、第十七願、第十八願、第十九願の三願で示される。そして最後、第二十願から第二十四願で、その浄土に生まれた菩薩の行徳が説かれることになるのである。前例にならってこの願の構造を要約すれば、

一、阿弥陀仏の浄土とその衆生の功徳　（第一願～第十一願）
二、阿弥陀仏の浄土と阿弥陀仏自身の功徳　（第十二願～第十六願）
三、法の伝達　（第十七願）
四、他方国土の衆生の往因　（第十八願・第十九願）
五、阿弥陀仏の浄土に生まれた菩薩の行徳　（第二十願～第二十四願）

となる。

2　三願から二願へ

『平等覚経』の生因願は第十八願と第十九願である。『大阿弥陀経』においては、二十四願中の初めに誓われていた生因願が、『平等覚経』において、なぜ後方に移されたのであろうか。また『大阿弥陀経』の生因三願が『平等覚経』では二願となり、しかも悪人往生の願と菩薩の往生願の順序が入れ替わっている。それはどのような理由によるのだろうか。生因願が後方に移されたのは、他方国土の衆生をして、より強く弥陀の浄土を願わしめるために、

阿弥陀仏の浄土とその浄土における衆生の功徳、それに阿弥陀仏自身の功徳を、より明らかに、他国の衆生に知らしめることが重要だと、この経典の編纂者が考えたのだと思われる。と同時に、願の順序も、より優れている菩薩の往生を先にする方に、仏道としての妥当性をみたのだと考えられる。では生因三願がなぜ二願になったのであろうか。願の内実がどのように変化しているかを、まず窺ってみよう。

十七に、我作仏せん時、我が名をして八方・上下・無数の仏国に聞かしめん。諸仏各々弟子衆の中に於て、我が功徳・国土の善を歎ぜん。諸天・人民・蠕動の類、我が名字を聞きて、皆悉く踊躍せんもの、我が国に来生せしめん。爾らずば、我作仏せず。

(十七、我作仏時、令我名聞八方上下無数仏国。諸仏各於弟子衆中、歎我功徳国土之善。諸天人民蠕動之類、聞我名字、皆悉踊躍、来生我国。不爾者、我不作仏。)

十八に、我作仏せん時、諸仏国の人民、菩薩道を作す者あり、常に我を念じて心を浄潔せんに、寿終る時、我不可計の比丘衆とともに、飛行してこれを迎へ、共に前に在りて立ち、即ち還りて我が国に生じて、阿惟越致と作らん。爾らずば、我作仏せず。

(十八、我作仏時、諸仏国人民、有作菩薩道者、常念我浄潔心。寿終時、我与不可計比丘衆、飛行迎之、供在前立、即還生我国、作阿惟越致。不爾者、我不作仏。)

十九に、我作仏せん時、他方仏国の人民、前世に悪の為に我が名字を聞き、及び正しく道の為に我が国に来生せんと欲はん。寿終りて皆復た三悪道に更らざらしめて、則ち我が国に生まれんこと心の所願に在らん。爾らずば、我作仏せず。

(十九、我作仏時、他方仏国人民、前世為悪聞我名字、及正為道欲来生我国。寿終皆令不復更三悪道。則生我国在心所願。不爾者、我不作仏。[8]

『平等覚経』の第十七・第十八・第十九の三願である。この第十七願が『大阿弥陀経』の第四願に、第十八願が第七願に、そして第十九願が第五願に対応しているのである。ところで両者を比較するに、対応している各々の願の、願自体の内実においては、総体的に簡略整理されているが、それほど大きな違いはみられない。ことに『大阿弥陀経』の第四願と『平等覚経』の第十七願は、『平等覚経』に文字の省略はあるにせよ、内容的には完全に一致しているといってよい。では第七願と第十八願とではどうであろうか。菩薩道者の往生であること、臨終に阿弥陀仏が来迎し、この者を往生せしめて阿惟越致の菩薩に作さしめる点では、まったく同じであるが、行道の内容には違いを見いだす。『大阿弥陀経』では、その行道が「六波羅蜜経を奉行し、若しは沙門と作りて、経戒を毀らず、愛欲を断じ、斎戒を清浄にして、一心に念じ我が国に生まれんと欲し、昼夜に断絶せずば（奉行六波羅蜜経、若作沙門、不毀経戒、断愛欲、斎戒清浄、一心念欲生我国、昼夜不断絶）」と非常に具体的に述べられて、それが成就文の上輩の思想とまったく重なっていた。だが『平等覚経』では、この部分がただ「常に我を念じて心を浄潔せんに（常念我浄潔心）」と、まことに簡略に表現されているのみで、行道の具体性は何も述べられていない。しかもこの経典の上輩段は、『大阿弥陀経』のそれと完全にといってよいほど一致している。されば『平等覚経』では、第十八願と上輩段との間で、すでに思想のずれを起こしていることになる。

では第五願と第十九願の関係はどうであろうか。ここで『平等覚経』第十九願の、読み方が問題になる。親鸞は「および正しく道の為に」と読んでいるが、この「及正為道」の「及」は、「反」の誤字だと考えられる。[9] されば「正に反りて道の為に」と読まれ、両者は、

『大阿弥陀経』　前世に悪を作すに、我が名字を聞きて、我が国に来生せんと欲はん者は、即便ち正に反りて自

ら過を悔い、道の為に善を作し、便ち経戒を持して、願じて我が国に生まれんと欲ひて。

『平等覚経』 前世に悪の為に我が名字を聞き、正に反りて道の為に我が国に来生せんと欲はん。

となって、これもまたほとんど差はなくなってしまう。ただ『大阿弥陀経』では、その「正」の内容が、「自ら過を悔い、道の為に善を作し、便ち経戒を持して」とより具体的に述べられているから、菩薩道者の往生願と同一の相違点が、この願の関係においてもみられることになる。

では生因思想に関して、どのような点が、経典を再編成せしめた相違点となるのであろうか。最大の違いは、生因願が三願から二願になった点だといえる。『平等覚経』において、在家の善男子善女人の生因願が削除されているのである。次はいま述べた、具体的に示されている行道の削除である。すなわち第七願では、「六波羅蜜を行じること、経戒を保ち愛欲を断じ斎戒清浄にして、一心に往生を念じて、日夜その心を相続する」といった部分であり、第五願では、「自ら過ちを悔い改め、善を作して経戒を持つ」が除かれているのである。そしてこのような行為を最も具体的に述べているのが第六願であって、ここでは「布施をなし、搭を遶りて、香を焼き花を散じ灯を燃やし雑絵綵を懸け、沙門に飯食せしめ、塔を起て寺を作り愛欲を断て」と説かれている。

このように両経の生因思想を比較していくと、『平等覚経』で削除された『大阿弥陀経』の生因思想は、『大阿弥陀経』においては、最も重要な往生のための要因となっている。したがって、もしその点を『平等覚経』の本願思想が除いたのだとすると、両経は一見、思想的にそれほど大きな差はないとみられながら、その実、往因に関する本願思想に、根本的ともいうべき相違が存在することになる。六波羅蜜を行ずるとか戒律を保つといった、仏教一般で重視されている菩薩行、あるいは在家信者に求められる布施行、悪人に必要とされる懺悔と斎戒、といった仏道の基本的行道を、『大阿弥陀経』の本願は、往生のための行業としていたのであるが、『平等覚経』の本願思想は、その往生の要因を除いているからである。そしてこの点こそ、『大阿弥陀経』の生因三願が、『平等覚経』において二願となった最大の原因となっている。三願から二願へ、それは何を意味しているのだろうか。

生因願が三願で、それぞれの願の成就文が上輩・中輩・下輩だとすると、『大阿弥陀経』では衆生の機類を、能力に従って三種に分類したことになる。この「上・中・下」という分け方は、今日でも最も一般的に使われている、ものの分類方法である。学校の成績はまさにそうであって、良くできる、中位、出来ない、と三段階になる。それがさらに細分化されると、『観無量寿経』の「九品」に見られるごとく、上の上、上の中、上の下と九段階になる。人間がこのように分類されて、その各々になすべき行為が与えられると、上に最も難解な作業が、中がそれに続き、下が最も易しい行為になることはいうまでもない。しかもこのように分けられたからには、その者がその分野に属していることを明確にさせるために、そこに所属する者の、なすべき行為が具体的にはっきりと示されていなければならない。その意味で、『大阿弥陀経』の生因三願と三輩や『観無量寿経』の「九品」の思想に、その典型を見るのである。

ところが「二」という分類は、先の三とは異質の分類方法である。なぜならそれは、能力的に段階を設ける分け方ではないからで、ここでは上・中・下、さらにそれを細分化する、上の上・下の下といった、能力による輪切り的分類は成立しない。「二」とは、ある条件の下に、その条件を満たすか満たさないか、あるいはAとBといった二つの場を示して、そのいずれに入るかといった分類になる。そこでは上・下といった差別的な意味が、完全になくなったとはいえないにしても、AかBかという対等的な分け方が、より重視されるようになったといえる。

さてこのような観点から、『平等覚経』の第十八願と第十九願を窺うと、それは菩薩道を行じうる者であるか否かの差になる。より端的には、出家者であるか在家者であるかの差だといえよう。そこで往因に関して、『大阿弥陀経』では非常に具体的に示されていた行道が、この経では、「菩薩道を作す者あり、常に我を念じて心を浄潔せんに（有作菩薩道者、常念我浄潔心）」（第十八願）、「前世に悪の為に我が名字を聞き、正に反りて道の為に我が国に来生せんと欲はん（前世為悪聞我名字、反正為道欲来生我国）」（第十九願）と、まことに抽象的な、ただ精神だけを問題にしているような説示になっているのである。

このようにみれば、この経においては、生因願と三輩段の思想は、『大阿弥陀経』のごとくには重ならなくなる。否、むしろ両者は、願とその成就文といった関係を認めることができないほど、大きくくずれているというべきだろう。それは単に、中輩段に当たる願がないというだけではなくて、往因思想そのものが、願文では、出家と在家というそれぞれの立場で、その者の心のありかたを問題にしているのに、三輩段では、いまだ『大阿弥陀経』とまったく同一の立場で、上・中・下それぞれの衆生の能力にかなった行業を、往生の要因としているからである。ではこの生因思想が、〈後期無量寿経〉で、どのように継承されることになるのであろうか。

三　〈無量寿経〉の生因思想

1　生因願の展開

〈無量寿経〉の思想は、初期から後期へと展開する。両者の決定的な違いは、般若空思想の有無にある。〈初期無量寿経〉では「空」思想がまったくみられなかったが、〈後期無量寿経〉では、「空」思想の影響を大きく受けたがために、経の内実が根本的に問い直されて、抜本的に再編纂されたのである。その一つの顕著な例は、阿弥陀仏に涅槃をみる点である。阿弥陀仏はいうまでもなく、無量寿仏なのであるが、〈初期無量寿経〉ではそれにもかかわらずその無量の寿を終えられた後、阿弥陀仏は入涅槃され、その跡を観音菩薩が、さらにその跡を勢至菩薩が継ぐと記述されている。[10] これは真涅槃は相をみないとする仏教思想からすれば当然のことで、したがって〈初期無量寿経〉では、阿弥陀仏は迷える一切の衆生を浄土に往生せしめ、凡夫には計り知れない無量の時間をかけて、それら衆生を証果に至らしめて、その時、浄土の一切の衆生共々、真涅槃に入滅されると捉えたのである。[11]

ところが〈後期無量寿経〉では、阿弥陀仏は法性法身と方便法身の関係で捉えられている。そこで阿弥陀仏自身が報身として、真如そのものが動いて、一切の衆生を救うために相を出現せしめた「法」として、絶対に滅することのない、真の無量寿仏として再解釈されるのである。そこで阿弥陀仏とその浄土の思想が、般若の根本理念である「空・無相・無願」と矛盾しないように、大きく書き改められたのである。例えば、初期ではまさに有相的存在として語られていた浄土の表現が、後期では、「一切の法は、猶し夢・幻・響の如しと覚了するも、諸の妙願を満足して、必ず是の如き刹を成ぜん」「諸法の性は、一切空無我なりと通達するも、専ら浄き浄土を求めて、必ず是の如き刹を成ぜん[12]」と、妙有的浄土として解釈されているのである。

そしていま一つの大きな違いは、本願の数が倍加されたことで、後半の新しい願文では、浄土の菩薩の功徳、および阿弥陀仏の光明と名号の功徳が、種々詳細に誓われることになる。ところで『平等覚経』と『無量寿経』の願文を比較するに、あまり大きな思想の差がないとされた『大阿弥陀経』と『平等覚経』において、願の配列が大きく改編されていたのに比して、前半の二十四願までには、ほとんど変化はみられず、『無量寿経』において『平等覚経』の願の配列を少し整理した程度にとどまっている。その相違は次の諸点のみで、『無量寿経』は『平等覚経』の思想をほぼそのまま受け継いでいるのである。

一、『平等覚経』の第九願が第七願の先に来て、『無量寿経』では、天眼→天耳→他心智と整理される。
二、『平等覚経』の第十二願が第十四願の次に来て、『無量寿経』では、光明無量・寿命無量の二願が並び、その次に浄土の功徳が説かれる。
三、『平等覚経』の第二十一願と第二十願が入れ替わり、『無量寿経』では、三十二相を得て、還相の菩薩となる。
四、『平等覚経』の第十七願と第二十二願が、各々二願に分かれて、『無量寿経』では、新たな生因願として第十八願が出現する。
五、『平等覚経』の第二十三願が削除され、第二十四願が『無量寿経』の第二十五願と対応する。
六、『無量寿経』の第二十六願以下が、新しく成立した願文となる。ただし第三十五願は『大阿弥陀経』の第二願が、また第三十一願・第三十二願は『大阿弥陀経』の第三願の思想が復活したと考えられなくはない。

そこで『無量寿経』の願文の構造を整理してみると、次のごとくになる。

一、阿弥陀仏の浄土と、その国土の人天の功徳。（第一願～第十一願）
二、阿弥陀仏自身とその浄土の功徳。（第十二願～第十六願）
三、法の伝達。（第十七願）
四、他方仏国土の衆生の生因。（第十八願・第十九願・第二十願）
五、浄土の菩薩の功徳・行徳。（第二十一願～第三十願）
六、阿弥陀仏の浄土の功徳。（第三十一願・第三十二願）

七、阿弥陀仏の光明・名号の功徳。（第三十三願〜第四十八願）内、次の八項の四願を除く。
八、浄土の自然の土徳。（第三十八願〜第四十願・第四十六願）

ところで、生因願に注意してみると、『平等覚経』で二願になった生因思想が、『無量寿経』で再び三願になっている。これは一体、何を意味するのであろうか。

2　〈無量寿経〉の生因願――二願から一願へ――

今日、〈無量寿経〉の研究者の多くは、この諸異本の成立に関して、『大阿弥陀経』→『平等覚経』→『無量寿経』→『如来会』→『梵本無量寿経』→『荘厳経』と順次成立したと考えている。[13] それだけ『平等覚経』と『無量寿経』には、深い関連性がみられるのである。〈後期無量寿経〉での『無量寿経』の一つの特徴は、衆生の往因に関して「三輩」の語を残していることと、いわゆる「五悪段」が存在することである。『平等覚経』において生因願と三輩段は、すでに願文とその成就文といった関係はなくなっている。生因願と三輩段は対応しなくなっているのであるから、「三輩」という往生思想は、阿弥陀仏の本願の思想からは、遊離する方向にあるといわねばならないし、「五悪段」の思想も、〈後期無量寿経〉の本願の思想とは重ならない。そこで『無量寿経』以外の〈後期無量寿経〉はこの「三輩」という言葉と「五悪段」の思想を、経典から削除しているのである。とすれば、『無量寿経』の原本にもそれらは当然、なかったと見るのが妥当だといえよう。けれども『無量寿経』の翻訳者は、おそらく『平等覚経』に大きく影響されてか、この両者をこの経典に組み入れてしまったと考えられるのである。

したがって『平等覚経』と『無量寿経』は、非常に近い関係にある経典といえるのであるが、それは翻訳の際の特殊性だと見るべきで、経典全体の思想構造からみて、『無量寿経』の生因思想は、まさに〈後期無量寿経〉のそれと重なっているとみなければならない。この意味からして、『無量寿経』の生因三願と「三輩」は、再び願文と成就文の関係が復活したのではない。『平等覚経』の生因二願が、『無量寿経』においてまた「三」となったのは、「三輩」の思想に影響されたのではなくて、まったく別の理由によることになるのである。ここでいま一度、生因を区別する三と二の違いを整理しよう。「三」は人間の能力を上中下と分け、その各々に適った行を与えていくという方向にあった。だが「二」は、ある条件のもとに、ただAかBと区別するだけである。(14) 前者はさらに細分化される方向性を持つが、後者は「二」のままである。されば、阿弥陀仏の本願の救いからすれば、能力的な差を無限に作り出していく「三」よりも、例えば、出家も在家も平等に救おうとする「二」の方が、より深化した思想だといえる。では『無量寿経』において、その「二」がなぜ再び「三」となったのであろうか。

生因思想の展開という観点からみれば、『大阿弥陀経』と『平等覚経』の関係に明らかなごとく、まず生因願文が改められる。ただしその改編は、いまだ成就文には及んでいない。これが生因願が二願に大きく改められながら、しかも三輩の思想はそのままといった、『平等覚経』の立場である。されば思想の展開からいえば、次は、その生因の思想がさらに深められて、それに適う成就文が成立し、その成就文に適うまったく新しい生因願が成立する、と考えられるのではないかと思う。そこで『無量寿経』の生因三願にみる、生因の思想をしばらく掘り下げることにしたい。

一、設ひ我れ仏を得たらんに、十方世界の無量の諸仏、悉く咨嗟して、我が名を称せずは、正覚を取らじ。
（設我得仏、十方世界無量諸仏、不悉咨嗟称我名者、不取正覚。）

二、設ひ我れ仏を得たらんに、十方の衆生、至心に信楽して、我が国に生ぜんと欲ひて、乃至十念せん。若し生ぜずは、正覚を取らじ。ただ五逆と誹謗正法とをば除く。
（設我得仏、十方衆生、至心信楽欲生我国、乃至十念、若不生者、不取正覚。唯除五逆誹謗正法。）
三、設ひ我れ仏を得たらんに、十方の衆生、菩提心を発し、諸の功徳を修して、至心発願して、我が国に生ぜんと欲せん。寿終る時に臨んで、たとひ大衆と囲繞してその人の前に現ぜずは、正覚を取らじ。
（設我得仏、十方衆生、発菩提心、修諸功徳、至心発願、欲生我国。臨寿終時、仮令不与大衆囲繞現其人前者、不取正覚。）
四、設ひ我れ仏を得たらんに、十方の衆生、我が名号を聞きて、念を我が国に係け、諸の徳本を植えて、至心回向して我が国に生ぜんと欲せん。果遂せずは正覚を取らじ。
（設我得仏、十方衆生、聞我名号、係念我国、植諸徳本、至心廻向欲生我国、不果遂者、不取正覚。[15]）
五、仏阿難に告げたまはく、それ衆生ありて彼の国に生まるる者は、皆悉く正定の聚に住す。所以は何ん。彼の仏国の中には諸の邪聚及び不定聚なければなり。十方恒沙の諸仏如来は、皆共に無量寿仏の威神功徳の不可思議なるを讃歎したまふ。諸有の衆生、その名号を聞きて、信心歓喜せんこと乃至一念せん。至心に回向して彼の国に生まれんと願ずれば、即ち往生を得、不退転に住せん。ただ五逆と正法を誹謗するものとをば除く。
（仏告阿難。其有衆生、生彼国者、皆悉住於正定之聚。所以者何。彼仏国中、無諸邪聚及不定聚。十方恒沙諸仏如来、皆共讃歎無量寿仏威神功徳、不可思議。諸有衆生、聞其名号、信心歓喜、乃至一念、至心廻向、願生彼国、即得往生、住不退転。唯除五逆誹謗正法。[16]）

『平等覚経』		『無量寿経』	
第十七願	諸仏称歎聞名歓喜 ↓	第十七願	諸仏称揚
		第十八願	至心信楽欲生・十念
第十八願	作菩薩道臨終来迎 ↓	第十九願	至心発願来迎引接
第十九願	悪人聞名正道得生 ↓	第二十願	植諸徳本至心廻向
願成就文	なし	願成就文	第十一願・第十七願・第十八願成就文

右の一が第十七願文、二が第十八願文、三が第十九願文、四が第二十願文、五が本願成就文である。そこでこの願文と成就文を『平等覚経』のそれと対応させてみると、前の表のようになる。一般的には、『平等覚経』の第十七願が二つに分かれ、『無量寿経』において、その前半が第十七願になり後半が第十八願になったとされている。願の内容よりみて、そのように展開したであろうと考えることには、何ら疑いをはさむ余地はない。ただしこのように対応させると、各々の願が対応しているようにみえながら、その内容があまりにも大きく違いすぎて、このように一気に展開したとは、どうも考えにくい。『平等覚経』の生因思想が『無量寿経』のごとく展開するためには、ここにはどうしてもそれに先立つ、『平等覚経』のごとく生因願が二願で、その願の思想がより深められた、しかもこの願に対応する、新たな成就文が成立している〈無量寿経〉が存在しなければならない。

この点を念頭において、〈後期無量寿経〉の諸本を窺ってみるに、生因二願の〈無量寿経〉として、『梵本無量寿経』が注目される。そこでその生因願とその成就文を窺ってみると、

一、世尊よ、もしも、わたくしが覚りを得た後に、無量の諸仏国土における無量・無数の世尊・目ざめた人た

ち（諸仏）が、わたくしの名を称えたり、ほめ讃えたりせず、賞讃もせず、ほめことばを宣揚したり弘めたりもしないようであったら、その間はわたくしは、〈この上ない正しい覚り〉を現に覚ることがありませんように。

二、世尊よ、もしも、わたくしが覚りを得た後に、他の諸々の世界にいる生ける者どもが、〈この上ない正しい覚り〉を得たいという心をおこし、わたくしの名を聞いて、きよく澄んだ心（信ずる心）を以てわたくしを念いつづけていたとしよう。ところでもしも、かれらの臨終の時節がやって来たときに、その心が散乱しないように、わたくしが修行僧たちの集いに囲まれて尊敬され、かれらの前に立つということがないようであったら、その間はわたくしは、〈この上ない正しい覚り〉を現に覚ることがありませんように。

三、世尊よ、もしも、わたくしが覚りを得た後に、無量・無数の仏国土にいる生ける者どもが、わたくしの名を聞き、その仏国土に生まれたいという心をおこし、いろいろな善根がそのために熟するようにふり向けたとして、そのかれらが、――無間業の罪を犯した者どもと、正法（正しい教え）を誹謗するという（煩悩の）障碍に蔽われている者どもを除いて――たとえ、心をおこすことが十返に過ぎなかったとしても、〔それによって〕その仏国土に生まれないようなことがあるようであったら、その間はわたくしは、〈この上ない正しい覚り〉を現に覚ることがありませんように。(17)

四、実に、また、アーナンダよ、十方の各々方角において、ガンジス河の砂の数にひとしい諸々の仏国土にましますガンジス河の砂の数にひとしい世尊・目ざめた人たちは、かの世尊・無量光如来の名を賞讃したり、ほめ讃えたり、名誉を宣揚したり、功徳を宣揚したりするのだ。それは何故かというと、いかなる生ける者どもであろうとも、かの無量光（如来）の名を聞き、聞きおわって、たとえ（わずかに）一度だけの発心であっても、浄らかな信を伴って、心の底から発心する者どもは、皆、〈この上ない正しい覚り〉から退かない位に安住しているのであるからである[18]。

となる。この引用文の一が第十七願、二が第十八願、三が第十九願で、四が『梵本無量寿経』「二六章」第十七願の成就文である。この中、第四の成就文は、『無量寿経』の願成就文と重なる思想であるが、ここには第十一願と第十八願の成就を示す言葉は存在していない。第十八願の成就文に近い文はみられるが、この経典では、生因願の成就文にはなっていない。それはこの文中の、「それは何故かというと」に注意すれば明らかで、それ以下の文はただ、一切の諸仏がなぜ、無量寿仏の功徳を讃嘆するかという理由を、示しているにすぎない。それ故に、「唯除」に当たる文が存在しないのである。そこで『平等覚経』と『梵本無量寿経』の生因願とその成就文の対照を試みてみよう。

生因願と成就文

願数	『平等覚経』	『梵本無量寿経』
第十七願	名号を無量の諸仏国土に聞かせる。 諸仏に国土でその功徳を説法せしめる。 諸仏国土の衆生は名号を聞いて踊躍する。	無量の諸仏国土の諸仏は、必ず我が名号を称え、その功徳を賞讃し宣揚する。
第十八願	諸仏国の衆生で菩薩道を作す者は、常に我を念じて心を浄潔にする。 我浄土の比丘衆と共にその者を迎え往生せしめ、阿惟越致に作さしめる。	十方の諸仏国土の衆生で菩提心を起し、我が名号を聞いて浄澄な心で我を念じる。 この者の臨終時に、この者の心を乱さないために、我浄土の聖者と彼の現前に立つ。
第十九願	前世に悪を為して、我が名号を聞いた者で正に反り道を為し、我国に生まれんと欲する者を往生せしめる。	我が名号を聞いて、その国に生まれたいと願生の心を起こし、その善の根を熟せしめ、無間業を犯す者と正

		法を誹謗する者を除き願生の心を十返起こす者は必ず往生する。
第十七願成就の文		十方の無量の諸仏は、無量光如来の名を讃嘆し、その功徳を宣揚する。なぜなら、この仏の名号を聞いた者で、ただ一度でも清浄な信心で、心から生まれたいと発心して、往生しない者はないからである。

この両者を比較すると、成就文には「有・無」の違いがあり、第十七願と第十九願において、その内容も完全には重なっていないが、それにもかかわらず、思想の全体に関しては、ほとんど差はみられない。両者は生因が二願だという立場を崩していない。その内、第十八願の往因思想においてほ、『梵本無量寿経』ではほとんど深められておらず、その内容は『平等覚経』とほぼ完全に一致している。願の内実が、すでにそれ自体で動かす必要性をみなかったためだと思われる。だが第十七願と第十九願の思想は、大きく改められる。まず『平等覚経』の第十七願の後半の思想を『梵本無量寿経』第十七願では省略し、ただ諸仏の讃嘆のみとする。そしてその後半の思想を第十九願に挿入して、『梵本無量寿経』では、この願の生因思想である「願生心」に、非常に深い意味を持たせる。すなわち『平等覚経』第十九願の「前世に悪の為に（前世為悪）」の語を削除し、阿弥陀仏の名号を聞いた者の功徳について、「正に反りて道の為に（反正為道）」を「いろいろな善根がそのために熟す」と解釈して、一心に往生を願う心こそが、往生のための最も重要な因だと説くのである。

ただしここで往因として、その衆生にとっての最低の条件をつける。それが無間業の罪を犯した者と、正法を誹謗した者を除くという言葉である。阿弥陀仏の浄土に往生するためには、仏の名号を聞いて、その浄土に生まれたいと一心に願うこと、その心こそが最も重要であるとしつつ、ただ仏道の根本に反逆する、非仏道者は除くとされているのである。『梵本無量寿経』では、この往因願を非常に重視していたとみられる。すなわち、『梵本無量寿経』は『平等覚経』と同じく、生因願は二願ではあるが、『平等覚経』ではこれら二願をまったく同価値に扱っているのに対して、『梵本無量寿経』では、一切の衆生を往生せしめる、第十九願の方にこそ、より高い価値があるとして、この願がことに注目されて、その思想が深められ、一つの新しい往生思想をここに導き出したのではないかと思われる。

『梵本無量寿経』のいま一つの特徴は、第十七願文に対する願成就の文を、この経で新たに必要とした点である。ところがその成就文の思想内容は、『平等覚経』の思想と対応しており、この『平等覚経』の第十七願の成就文のごとき態を呈している。『平等覚経』で本願の配列が再編成されたとき、その構成が成就文には及ばなかったが、かく新たに編成された生因願文の成就文が、次の段階で問われたのだと考えられる。『梵本無量寿経』では、第十九願で新たに、往因として、「願生心」を重視するようになるが、なぜ「願生心」のみによって往生が可能かという、その内実を、『梵本無量寿経』で「阿弥陀仏の名号を聞いて信心歓喜し、清らかな心で、その浄土に生まれたいと願う者は、必ず往生できる、それほどの功徳が名号にあるからだ」と捉え、それ故に一切の諸仏は、弥陀の名号を讃嘆するのだと、ここにまったく新たな、第十七願の成就文を成立させたのである。ただし、このように『梵本無量寿経』に新たな成就文が成立するのであるが、その思想が『平等覚経』の第十七願文とほとんど重なっているため両経典は構造的に大きな違いがみられながら、生因の思想そのものには、それほど大きな差はみられないのである。

さて、『無量寿経』にはまったく新しい生因願が成立している。いわゆる第十八願である。すでに論じたように、一般的には、この願は『平等覚経』の第十七願から分かれたとされている。この点は一応理解できるが、けれどもその説明のみでは、なぜこのような、「信楽」するのみで往生するという生因思想が、この経典に新たに生まれたかという、十分な説明がつかない。ところでその展開の中間に、ここに示した『梵本無量寿経』のごとき生因思想をもった梵本を置いてみると、その流れが非常に明瞭になるのではなかろうか。『無量寿経』の第十八願は、『平等覚経』の第十七願後半の思想から直接生まれたのではなくて、その影響を受けつつ、より直接的には、梵本の第十九願で新たに成立した「願生心」往生の思想から来ている。すなわち梵本の第十九願がさらに二つに分かれて、新たに生じた「願生心」が、『無量寿経』で第十八願という、まったく新しい往因願となって成立し、『平等覚経』第十九願から受け継がれた思想が、『無量寿経』の第二十願になったのだと考えられるのである。かくて『無量寿経』の第十八願成就文の成立も、この流れによって説明がつく。『平等覚経』から直ちに成立したのではなくて、梵本においてまず、第十九願の内容を受けつつ、第十七願に相応する願成就文が成立し、その内実がさらに深められて、まったく新しい生因願文の成立と同時に、その生因願に応じる成就文が、ここに生まれることになるのである。

では『無量寿経』で生因願が、再び三願になったことに、どのような意義がみられるのだろうか。この経典にみる生因三願の、理解しがたい一つの点は、願の流れに乱れが存在することである。例えば、『大阿弥陀経』に見られるように、上・中・下または下・中・上の配列は、そのいずれをとっても乱れはない。また『平等覚経』のごとく、三輩思想の影響を受けて、願の配列が逆転しても、二願であれば、やはり乱れは見いだせない。けれども、もし『無量寿経』に『大阿弥陀経』のごとき、生因三願が復活したのだとすると、この願の配列は、下・上・中となって、三願の関係に乱れが生じる。もちろん『平等覚経』の第十七願から分かれたからだといえば、第十八願↓第十九願↓第二十願の流れは、それなりに理由はつけられるが、願の内容からみて、この経の編纂者は、なぜ生因願の配列を考慮しなかったのか、その説明はつかない。そしてもし、この配列にこそ意義があるのだとすれば、『無量寿経』の生因三願は、『大阿弥陀経』のそれとはまったく異なった関係にあると、みなければならない。

『大阿弥陀経』から『平等覚経』における生因思想の展開において、生因願は三願から二願に改編されている。その理由は、衆生の往因行に関し、衆生の上・中・下の能力に応じて、難から易の行を課するという考えが、阿弥陀仏の本願の救いという面から、大きく改められたからである。往因行が能力別によるのであれば、行の種類は無数に増加されていくといわなければならない。三輩から九品へはその方向にあるといえるが、能力の差は衆生の数に等しいとすれば、いかに行の種類が細分化したとしても、その行に応じえない衆生が生まれる。さればその衆生は、往困行を成就することができず、弥陀の浄土への往生は不可能となる。一心に浄土への往生を願いながら、往生不可能な衆生がいるということは、一切の衆生を救うべき弥陀の本願が、不完全だということでしかない。

生因願が二願になったということは、生因三願が有する欠点が改善されたことを意味する。仏道には出家と在家という二種の道がある。前者は仏道を専門的に行じる者であり、後者は普通の日常生活を営みながら、しかも仏果を願う衆生である。さればこの両者の生き方、日常の行道は、大きく異なる。『平等覚経』において、生因願が二願になったということは、このいずれの衆生をも救うために両者に適う二種の本願が成立したのである。かくて三願から二願へという本願の推移は、まさに本願思想の深化といえるのであって、いわば宗教的救いは、例えばかくのごとく、出家と在家、あるいは難行と易行、自力と他力、聖道と浄土というように、二種に尽きるのである。だがこのように二種に分かれると、ここでもやはり、その各々に適応する往生の条件が付せられる。AとBという二種の往因行が、本願に誓われることになるのである。

とするとこの生因二願にも、三願と同様の欠点が見られるといわねばならない。二願各々に、行ずべきある種の条件が付けられ、この行の条件が満たされなければ、この場合もまた、往生が不可能になるからである。ここにおいて二種の生因願は、必然的に、往生を願う一切のものを、無条件で救うという、他とは比較することのできない、絶対的な一願の建立に展開する。それが『無量寿経』に第十八願が成立した意義だと窺える。したがって『無量寿経』の第十八願は、第十九願と第二十願に並列的に対応している本願ではなくて、第十九願と第二十願が、すでに往因願としての意義を失ったが故に成立した、いままでの生因願の内実とは質を異にする、まったく新しい一つの本願となるのである。

中国および日本の純正浄土教の流れ、それは曇鸞・道綽・善導・源信・源空の思想の展開[19]を意味するが、これらの高僧の往因思想は、ただ第十八願のみに限られている。第十九願と第二十願にはほとんど関心が示されていないのである。浄土真宗では親鸞の三願転入の影響を受けて、私たちは無意識的に、『無量寿経』の生因願は三願であると、これらを並列的にみてしまっているが、純正浄土教では、衆生の往因願をただ第十八願のみにみて、この一願による往因を求めつづけているのである。しかも親鸞もまた、三願を並列的に捉えているのではなくて、第十九願・第二十願を方便の願とし、それは第十八願に導く願ではあっても、そこに衆生の生因を認めていない。このことは、これらの高僧たちによって展開された往因思想は、第十八願のみだと親鸞は見抜かれていたことになり、さらにいえばこのことは、経自体において、この経の生因願は第十八願一願だと、語っていることの証になるのである。ではこの第十八願にどのような生因が誓われているのだろうか。

四　『無量寿経』の第十八願

〈無量寿経〉の生因思想は、三願から二願へ、さらに二願から一願へと展開した。この一願の建立は、真に一切の衆生を救おうとする、阿弥陀仏の大悲の思想が、本願の深まりの、その頂点において顕現したのである。その最も深い思想を、『無量寿経』の第十八願にみるのであるが、ではこの願の源流をどこに置けばよいのであろうか。一切の衆生の救いとは、その最も底辺の衆生を救うということにほかならない。その意味からすれば、その根源はやはり、最初期に成立した『大阿弥陀経』の第五願になり、それが『平等覚経』の第十九願に展開し、さらに『梵本無量寿経』の第十九願に受け継がれたと考えられる。ではそのそれぞれの本願に、どのような往因が誓われているであろうか。この場合、『大阿弥陀経』のみ、生因願文と三輩の思想が、まさしく対応している。そこでこの経典では、第五願に下輩の思想をも重ねることにしたい。されば次のような生因の構造をみることができる。

『大阿弥陀経』聞名―信―返正為道作善（斎戒清浄・十善業）―十日十夜・一日一夜相続―欲生我国。(20)

『平等覚経』聞名―（信）―反正為道―欲来生我国。(21)

『梵本無量寿経』私の名を聞き、その浄土へ生まれたい心をおこし、種々の善根が熟するようにふりむけ、その心を少なくとも十返おこす。五逆罪者と正法誹謗者は除かれる。(22)

『無量寿経』―（聞名）―至心・信楽・欲生我国、乃至十念。―唯除五逆誹謗正法。(23)

ここで『梵本無量寿経』の「種々の善根が熟するようにふりむけ」の「善根」の意味が曖昧になっている。そこで、『梵本無量寿経』に最も近いとされている『如来会』の、第二十願をここに重ねてみることにしよう。さればここは、「我が名を説くを聞きて、『以て己が善根として』極楽に廻向せん」と表現されている。この意よりみれば、この「善根」とは、阿弥陀仏の名号の功徳、さらにいえば阿弥陀仏の大悲心とその浄土の功徳の一切を聞き、その功徳を我が功徳として、その名号を一心に称え、まさに浄土に生まれたいと願う、清浄な心を成就することだといえる。したがって「善根が熟するようにふりむけ」るとは、具体的には聞名によって、阿弥陀仏の名号を称え往生したいと願い、まさにその往生の念で心が満ちることだと解しうる。

では、生因の思想はどのように展開していると考えられるであろうか。〈無量寿経〉諸異本の生因において、一貫して流れている思想は、聞名と信心だといえるのであるが、その信心が各々の経典で、どのように意義づけられているかが、ここで問題になるのである。そこでまず、『大阿弥陀経』における「聞名と信」の関係を、願文と下輩段の思想の中から窺ってみよう。

一、我が名字を聞かば慈心歓喜踊躍せざる者なけん、

二、我が名字を聞きて、我が国に来生せんと欲はん者は、即便ち正に返りて自ら過を悔い、道の為に善を作し、(24)

三、当に仏経の語の深きことを信受すべし、当に善を作せば後世にその福を得ることを信ずべし……かならず当に斎戒し、一心清浄にして、昼夜に常に念じ、阿弥陀仏の国に往生せんと欲して……(25)

このなか、一は第四願文、二は第五願文、三は下輩段の一節である。まず一をみるに、聞名によって生ずる心を「慈心歓喜踊躍」と表している。これは明らかに「信」の相を示すものと受け取られ、この表現は、〈後期無量寿経〉にみられる「信心歓喜」あるいは「歓喜愛楽」等の言葉と相通じる思想のごとく見受けられるが、はたして重なるかどうかが、いま問題点になっている。さてここで第四願の「聞名・歓喜」を第五願が受けている点に注意したい。この願の大意は「仏名あるいは浄土深妙の法を聞いたものは、その浄土に生まれたいと願って、正に返り、

みずから過ちを悔い、道のために善をなせ」となる。したがって引文一の「慈心歓喜踊躍」は、引文二の「聞我名字」以下に挿入されるべき言葉となり、かかる歓喜の心をもって、一心に善を修し浄土を願えと、この願は誓っているのである。すなわち「慈心歓喜」には直接の往因はなく、その歓喜の心はただ、衆生に願生心を起こさせ、往生のための作善をなさしめる因となっているにすぎない。さればこの願の往因は、歓喜の心でもって往生を願い一心に作善する。その行にあるとしなければならない。

ではその信と作善はどのような関係にあるのだろうか。この関係を端的に示しているのが、引文三であろう。ここでは「仏経の語の深きことを信受すべし。善をなせば後世に福を得ることを信ずべし」と述べられ、この信は明らかに、一つの対象と次になすべき行動の、媒介的役割の性格を示している。いわばこの信は、仏道としての真実の行を、如実に実践せしめんがために求められている「信」であって、信は重視されているとはいえ、信そのものに往因が語られているのではない。もしこの信がなければ、経に説かれている仏道は、疑惑心で行ぜられることになり、真摯なる行道、心からの願生は不可能になる。ここに往生のための、初入の法としてまた斎戒し清浄なる心で、一心に願生して往因の行を行じるために、この真実の信が必要とされているのである。

かくてこの信が最もきらうのは、「疑」という性格となる。〈初期無量寿経〉の特徴の一つは、三輩段の往生思想のなかで、狐疑の罪悪性を示すために化土の思想を語る点である。これはここで説かれている信の性格は、疑の反義語でしかないということで、狐疑を戒めるために、逆に信の重要性が顕示されているのである。三輩段になぜ化土往生が説かれるのか。それは真実の信がなければ往生行は成立しないからにほかならない。かくて『大阿弥陀経』における「聞名と信」の関係は、信は重視されているとはいえ、信そのものに往因はみられず、信はどこまでも往因行としての「行」を、成就せしめるための心でしかないところに、この経典の信の特性が求められるのである。

では『平等覚経』はどうであろうか。この経典は願文の構造を除いて、そのほとんどが『大阿弥陀経』の内容とほぼ一致している。それは生因思想に関しても、『大阿弥陀経』のそれと大きく異なるものでないことを意味している。けれども生因願において、第十九願が下輩と『大阿弥陀経』のごとくには重なっていないとすると、往因としての「行」の思想に、一つの変化が起こっていると認められる。ここではすでに、斎戒を清浄にし、十善業を行ずるといった往因行は、求められていないと考えられるからである。ただし経の全体からみて、信の性格はそのまま受け継がれているとみるべきで、「反正為道」には、具体的な行道が示されていないとしても、阿弥陀仏の浄土の教えを、教えのごとく信じ、疑惑心を完全に除いて、仏道者として、一心に浄土に生まれたいと願生しつづける、その根拠となるべき信であることは動かせない。

ところでこれが〈後期無量寿経〉になると、この信の性格が質的に大きく異なる。例えば仏教には「三宝・四諦などに対する信忍としての信と、それを因拠として成立する心の澄浄としての信がある」と、二種の信をみる。[26]前者の「信忍」は、一つの対象、仏とか法とかを信じようとする信であり、後者の「心の澄浄」は、その信忍の決定を因拠として、その法の真実が完全に顕示されることによって覚知される、清浄なる心の状態を意味している。結論を先取りすれば、すでに論じた〈初期無量寿経〉の信が、前者の信忍的信であり、それに対して、〈後期無量寿経〉の信が、後者の心澄浄的信となるのである。

ここでまず『梵本無量寿経』の、第十七願成就文を窺ってみよう。「かの無量光如来の名を聞きおわって、たとえわずかに一度だけの発心であったとしても、浄らかな信を伴って、心の底から発心する者どもは、皆、この上ない正しい覚りから退かない位に安住している[27]」と説かれているが、これは一切の諸仏が阿弥陀仏の名号を讃嘆する理由として、第十八願・第十九願の往生者が、聞名による信によって往生するが故だとする文である。この聞名による信の往生を、第十八願は「わたくしの名を聞いて、きよく澄んだ心（信ずる心）を以てわたくしを念いつづける」と述べ、第十九願では「わたくしの名を聞き、その仏国土に生まれたいという心をおこし、いろいろな善根がそのために熟するようにふり向けたとして、そのかれらが、たとえ、心をおこすことが十返に過ぎなかったとしても（往生する）」と誓っているのである。

さてここで再び、「善根が熟す」とは如何なる心かが問題になる。先に私は、「聞名によって、まさに我が心に浄土に生まれたいという願いが満ちること」だと解したが、他の一切の雑念が除かれ、自分の心がまさしく、浄土に生まれたいという願いに満たされるということは、阿弥陀仏の大悲と浄土の真実が、私自身において、すでに明らかになっているからにほかならない。信忍の信は、疑のアントニムであった。仏法の初入が「信」だということは、この信じる者にとっては、仏法の真理はいまだ明らかになっていない。だが法の真実性を知りえなくても、仏陀の教えには絶対に誤りはないのだと、まず信じることが、仏道において最も大切だとされる。その心によってのみ、真の行道が成り立つからで、ここに初入の信の重要性がある。しかしその行道において、仏陀の教えの真実性が、漸次明らかになり、その究極において、その真理がまさに疑う余地をなくする。真理が覚知されて、心がその真理によって澄浄になるのである。されば、信忍の信においては、疑が最も戒められることになるが、心澄浄の「信」においては、疑はまったく問題にならない。疑のなくなった心こそ、心の澄浄にほかならないからである。

とすると、『梵本無量寿経』における往生の因は、この「心の澄浄」が求められていると窺える。願文では、「善根がそのために熟するように」と表現され、ここでも善行の廻向が往生行のように受け取られがちになるが、その内実は、〈初期無量寿経〉の往因とまったく逆になっているのである。初期では聞名による信によって、行の成就が求められていたのであるが、ここでは聞名による願生心の円熟が問われているのであって、まさに心澄浄の「信」が、往生の因とされているのである。ただし『梵本無量寿経』第十九願には、「善根の廻向」という行の要素が、願そのものの中にいまだ存在していたのであるが、これが『無量寿経』の第十八願になると、この「行」の概念が、願自体から完全に消滅してしまう。かくて浄土教の往因思想の深義の頂点が、ここに導き出されるのである。『無量寿経』第十八願の住因は「至心信楽欲生我国」である。そしてこの真理が、この成就文において、「聞其名号、信心歓喜、乃至一念、至心廻向、願生彼国、即得往生」と証明される。なぜ「信楽」「信心歓喜」のみによって往生が決定することになるのであろうか。もしこの「信」が、法の対象としての信、行の前提としての信であるならば、かくのごとき「唯信」の往生の義は、仏道からすれば矛盾だというべきだろう。信から証果へ至るためには、どうしても「行」を抜きにしては考えられないからである。だがもしこの「信」が、疑の除かれた相、智によって獲られた証と、同意義を有しているのであれば、信の獲得がそのまま往生に通じるとして、何ら矛盾は生じない。信は自ずから「証」に展開されるべき性格、いな、信はそのまま証と重なっているからである。

『無量寿経』においては、第十七願によって第十八願の往生が決定するという構造である。この真理は後に、親鸞によってはじめて顕らかにされるところであるが(28)、諸仏の称讃が衆生の信楽を成就せしめているのである。なぜ衆生は至心に信楽して、阿弥陀仏の浄土に生まれたいと欲するのか。名号の功徳、浄土の真実義が諸仏によって顕彰されたからにほかならない。衆生の心が浄土の実相で満たされたが故に、衆生はまさに「信楽」するのである。それは成就文の「信心歓喜」でもある。

このようにみれば、〈無量寿経〉諸異本の往因思想は、一貫して「聞名」と「信」という構造を示しているが、初期においてはその信が「信忍」的信であるのに対し、後期では、「心の澄浄」的信であるところに、両者の「信」

の根本的な差異があり、初期で重視されていた往因行が、なぜ後期で消滅したか、その理由がここにみられることになるのである。そしてこのことは、両経典の「化土」思想においても現れているのである。すでに論じたごとく、初期の『大阿弥陀経』では、生因願の成就文である三輩段に、一般的に化土往生と呼ばれている一段が存在している。化土の往生者とは、生前に仏法に疑いの念を懐いて行道した者の、往生の相である。この者は仏法を疑惑したが故に、往生するも直ちに阿弥陀仏をみることができず、智慧も開かれないで、五百歳、七宝の城中に留められるとするものであるが、後期ではこの思想は三輩段から削除される。もちろん願成就の文にも示されない。初期の信忍的信では、往生のためには、疑惑こそが行の成就を最も妨げる要因であったが、後期の心澄浄においては、疑惑が完全に破れたところに成立する信であるから、この信には疑惑そのものが存在しなくなるのである。そこで後期では、この化土思想は経典の末尾に置かれ、この経を信じることの大切さを、その結びにおいて強調することになるのである。

なお、私はこの論考において、生因願の展開を『大阿弥陀経』→『平等覚経』→梵本→『無量寿経』という流れで考えてきた。今日の〈無量寿経〉の研究者は、諸異本の成立順序をこのようには見ないで、〈後期無量寿経〉においては、『無量寿経』→『如来会』→『梵本無量寿経』→『荘厳経』と捉えている。現存『梵本無量寿経』の最も古い古写本の年次が、およそ十二世紀中葉とされており、『如来会』の翻訳が八世紀初頭、『荘厳経』は十世紀末である。それに対して、『無量寿経』の翻訳は、宝雲説によっても、五世紀の初めになって、前三本よりもより前期の成立になっている。この論考は、経の成立順序を直接考察しているものではないので、これについての詳細な検討は省きたいが、各々の経典全体の構成より窺えば、四十八願経においては、やはり現存年代順に『無量寿経』→『如来会』→『梵本無量寿経』とみるのが妥当だというべきかもしれない。ただしこの論考で「梵本」といっているのは、現存の『梵本無量寿経』そのものを指しているのではない[29]。宗教一般の救いとしては、常識的には救いの道は、自分の心を清らかにするという道と、ただひたすら仏や神の力によりてという道の、二種になるのではないかと思う。その意味では生因願が、三願から二願へ展開した点に、浄土教の宗教的深化が見られるのであって、いわば、現存『梵本無量寿経』の生因二願が、浄土教一般からみて、一つの完成された思想となっているのである。したがってこの点に、後世の梵本経典の編集者は、改良の必要性をみなかったのだといえる。ところで『無量寿経』において、生因願が再び三願になった。そしてその中の一願が、後世の、中国および日本の浄土教思想に、決定的な影響を与えた。それはこの一願こそ、非常に特殊な状態の中で成立した願だということである。おそらく五世紀頃の、阿弥陀仏の本願の思想の、深まりの究極のなかで、導き出された思想ではなかろうか。

ただし、この本願の思想が成立するためには、『平等覚経』から直ちに『無量寿経』に展開することは無理で、ここにはどうしてもその中間に、現存の『梵本無量寿経』に見られる第十九願のごとき思想が置かれねばならない。その意味で私は、『平等覚経』→梵本→『無量寿経』という流れを考えている。『如来会』の第十八願は、第十八願そのものの独自な思想を出していない。されば、もし『如来会』の梵本が、『無量寿経』よりも後の成立だとすれば、この梵本には本来第十八願はなく、翻訳時に、『無量寿経』の第十八願の影響を受けて、第二十願的な第十八願をここに挿入したのだと考えられる。ところで、〈後期無量寿経〉にいま一つ、三十六願経の『荘厳経』がある。この経典は〈無量寿経〉諸異本のなかで、やや流れを異にするとして、特殊視されているが、この経典では生因願が次のように誓われている。

一、世尊、我菩提を得正覚に成じ已らんに、所有衆生我が刹に生ぜんことを求め、我が名号を念じて、志を発し、心を誠にして、堅固不退ならん。……（阿弥陀仏臨終に来迎し、往生を得）。

二、世尊、我菩提を得正覚を成じ已らんに、所有十方無量無辺無数の世界の一切の衆生、吾が名号を聞きて、菩提心を発し、諸の善根を種えて、意に随ひて、諸仏刹土に生ぜんことを求めんに、……皆生ず。(30)

右の引文の一が、『荘厳経』の第十三願であり、二が第十四願である。この二願は、その内容よりみて、それぞれ『平等覚経』の第十八願と第十九願を受けていることは明らかである。非常に興味深いことは、往因思想においては、これら二経典の願の内容は非常に似ているにもかかわらず、『荘厳経』では、阿弥陀仏の浄土への往因願は一願だということである。生因二願の内、第十四願は阿弥陀仏の名号を聞きながら、他方仏国土への往生となっているからである。この点、この経においても、『無量寿経』と同じく、一願の建立を見るのであるが、その思想は、『無量寿経』第十八願の内実とは大いに異なっている。(31)

かくて『荘厳経』は、〈初期無量寿経〉からみれば、浄土の概念は、空思想によって大いに展開されていながら、浄土教思想からすれば、生因願の内実は、『無量寿経』の第十八願に比して、より深いとはいいがたい。『平等覚経』→『荘厳経』の流れはみられても、『無量寿経』→『荘厳経』の流れは認めがたい。そのような意味で私は、〈無量寿経〉諸異本の成立史観とは別の角度から、『無量寿経』の第十八願が、生因願として、最も深く阿弥陀仏の大悲を捉えていることの論証を、ここで試みたのである。

五　『無量寿経』の十念思想

1　「十念」の語をめぐりて

阿弥陀仏の浄土への往因に関して、『無量寿経』第十八願の思想が、諸異本の中で、最も深いという結論を導いた。この第十八願には一般的に、往因について三種の要因がみられるとされている。「至心信楽欲生」と「乃至十念」と「唯除五逆誹謗正法」である。ただし最後の「唯除」の文は、往生できぬ者の心であるから、この三種の要因の内、重要なのは前二者の、三心と十念ということになる。これまでの論考で私は、第十八願の往因を三心、ことに「信楽」にあると論じて、「十念」についてはほとんど論じなかった。それは経典における十念の語義が曖昧で、その語義に関しては、項を改めて論ぜねばならなかったからである。そしてこの場合の問題点は、その三心と十念が、本願自体の中で、如何に関係しあっていたかということになる。

善導はこの十念を「十声の称名」だと解釈する。[32]そこで善導以後においては、十念は十声の称名だという義が確立するのであるが、ただし善導以前の浄土教では、十念が十声の称名だという義は、直ちには導き出せない。[33]そこで経典の文献学的な研究が始まってから、宗学的な解釈ではなくて、『無量寿経』第十八願にみる十念の、原典の義が種々検討されるようになった。そこでは次のような研究成果をみることができる。

一、荻原雲来（「十念の研究」『荻原雲来文集』大正八年）

無量寿経願文の十念は、弥陀を念ずることでも、亦弥陀の名を念ずることでもなくて、阿弥陀仏に帰命する心（願生心）を十返発することである。それは梵本の同じ願に、「其の国に生まるべき為めに念を発し……仮令ひ十返の念を発してでも」とあることよりしても明らかである。[34]

二、望月信亨（『浄土教の起源及び発達』昭和五年）

梵本無量寿経より見れば、十念とは十心を発起するの意味で、その心は願生の心を意味しているようであるが、無量寿経下輩の、十念念無量寿仏の文に准ずれば、阿弥陀仏を十度念想するの意とすべきである。[35]

三、加藤仏眼（「乃至十念論」『宗学院論輯』七　昭和六年）

十念の語は訳語からも、また大経全体から見ても不明瞭であるが、梵本大経から見ると、十念の念は citta で「心」の義を有するものである。しかしその意を観経から窺えば、「念」に時剋・観念（心念）・称念の三義あり、観経下品の十念はそのいずれにも取れ得るから、十念に称念の意ありとも言えるのである。[36]

四、泉　芳璟（『梵本無量寿経の研究』昭和十四年）

梵本の antaśo daśabhiś citta-utpada-parivartaiḥ……は、十度又は十回、念を起すと云うことである。思想を十返繰り返すと云うことは、そこに意念作用だけでなく、幾分唱念の外的作用を俟って始めて可能であるようである。だから言葉そのものは飽くまで心意作用に属するものであるが、そこに自ずから唱名の義が伴っているとすべきである。[37]

五、津田左右吉（『シナ仏教の研究』昭和十三年）

十念の念は文字どおり心に念ずることでなければならない。さすれば、第十八願の十念の念は「欲生我国」のことを念ずる義となる。即ち「乃至十念」は「至心信楽・欲生我国」一念でのこととして、それに対して十念といっ

たものと解される。(38)

六、森　二郎（「無量寿経の研究」『印度学仏教学研究』第四―一　昭和三十一年）

十念は十善の意であって、第十八願は、至心信楽と十善を兼ね修めよというのであり、念仏・十善は倶業である。十念を数的に見、念仏・称名を強調して善行と対峙して「雑善はこれ小善根・念仏は大善根」との論法は成立しない。(39)

七、藤原凌雪（『念仏思想の研究』昭和三十二年）

大経の第十八願「至心信楽欲生我国乃至十念」の文相は真摯にして遅疑なき願心を発起相続するものと見られる。即ちこの十念は、念空三昧などの高尚なる観念念仏（仏体観見）ではなくて、仏の名号を聞いて発起する信心歓喜であり、願生心である。(40)

八、佐々木憲徳（『大無量寿経入門』昭和三十二年）

梵本より見れば、十念の念が称念の義とされないで心念の義とされなくてはならない。随って原典の願文の文面からすれば、三信十念なるものは初起一念の信の後続に憶念の心として終始一貫せる有様をあらわしていると受取られる。(41)

九、池本重臣（『大無量寿経の教理史的研究』昭和三十三年）

念は citta の訳語であって、一念とは信の最初を示しているのであって、十念とは信の相続を示しているのである。その信が名号を聞いた信心であるから、相続は心の念いが第一義であって、第二義しては口業に称名となって現われるのは当然であり、さらには身業の上にも礼拝等となって現われるであろう。しかし十念の意味するものは信心の相続であるから意業を第一義としなければならない。(42)

十、鈴木宗忠（『基本大乗仏教』昭和三十四年）

念仏に三義ある。この中十念は唱念の義に取るべきである。何故なら、梵本に於ては念はcitta心であるから、卒爾として見ると、それは内的な観念であるように思われるが、ここに一念といい十念といって、数字を用うることから考え、されば阿弥陀仏を観念することではなくて、その名号を称することであるとしなければならないのである。(43)

このような研究成果をふまえて、私自身も昭和三十五年に「十念の研究(上)」を発表し、以上の諸説に検討を加えながら私の考えを述べた。(44) まず各々の説を分類すれば、荻原雲来が『梵本無量寿経』から、十念の念はcittaの訳語であるということを明らかにされてからは、以後はこの説をすべて念頭に置いているにもかかわらず、十念説には、「念」に称の意を認めない学説と、認める学説の二つに大きく分かれ、それがさらに微妙な違いをみせるのである。すなわち、第一の意を認めない学説には、(1)「念」を「願生心」とみる説（一、七、九）。(2)「念」は阿弥陀仏を念ずるの意とする説（二）。(3)「念」は欲生我国を念ずるの意とする説（五）。(4)「十念」を憶念の心の相続とみる説（八）。(5)「十念」を「十種心」即ち十善の意とみる説（六）。等の説がみられ、これに対して、第二の称の意を認めようとする説には、(1)『観経』より類推する説（三）。(2)意念作用よりみる説（四）。(3)「念」に数字が付随している点より類推する説（十）。等の説が存在しているのである。

『無量寿経』第十八願の十念義に、このような種々の説が出されるということは、この十念の梵語が、daśa cittaであることが明らかにされたとはいえ、それでもなおその義が、不鮮明なまま残っているということである。一体、「十」と「念」はどのような場合に熟語になり、その「念」にどのような義がみられるのであろうか。〈無量寿経〉

以外の経典で「十念」の語を窺うに、まず『増一阿含経』に十念が「念仏・念法・念比丘僧・念戒・念施・念天・念休息・念安般・念身・念死、是れを十念と謂ふ」と語られている。この「念」は念ずるの義であるが、一般的には、念が十と熟語になるときは、ほぼ十の対象を念ずるの義となっている。すなわち、『大般若波羅蜜経』にみる「十随念」、『菩薩受斎経』の「菩薩に十念有り」という言葉、さらには『弥勒発問経』に説かれているとする「十念」等、すべて同一の表現となっているのである。これよりみれば、念が同一の対象を念じつづける、観念・憶念・心念といった行為には、普通、十という数字はつかないといわねばならない(45)。

この点を鈴木宗忠は、数字を用いることから考えて、それは観念ではなく称念だ、といっているように思われる。だが仏典には「十」が称名と熟語になって、「十声」と表現されて、それが特殊な行法として説かれている箇所は見いだせない。

インドにおいて、どのような語彙が中国で「念」という字に訳されたかを荻原説に従って窺えば、(1) citta……「思想・かんがえ・想念・心」(2) anusmṛti (3) manasikāra……「憶念・随念・思惟・作意」(4) kṣaṇa……「刹那・瞬間」という四種の言葉が中国語で「念」と訳されているという。このうち(2)と(3)はほぼ同意語のようで、この語が「念ずる」という動詞で、同一の対象を一心に念じつづけるといった意になる場合の、anusmṛti と manasikāra には、数字はついていない。そしてこの語に、たとえ称念の意が見いだされるとしても、その称念が「十」という数字とは熟語になっていないのである。

ところで、この四種の語が「念」という一字に翻訳されたということは、中国語の「念」という言葉に、それらを意味する語意があったからにほかならない。諸橋『大漢和辞典』によれば、「念」には、(1)おもふ。〔こころにかける・おぼえる・おもひめぐらす〕(2)おもひ。〔こころ〕(3)つつしむ。(4)となえる。〔くちずさむ〕(5)きわめて短い時間。〔仏教用語〕等の意がみられるのである。すなわち中国語の念には、梵語の〔citta〕〔anusmṛti・manasikāra〕〔kṣaṇa〕の、それぞれの語の、心、憶念する・称念する・刹那、等のすべての意を含むが故に、念と訳されたのである。とすれば中国語の翻訳仏典を問題にする場合は、たとえば「念」の場合、どの語の翻訳であるかに注意を払わなければならない。

ここで『無量寿経』下輩段の「十念念無量寿仏」が注目される。望月説によれば「下輩の十念念無量寿仏の文に準ずれば、阿弥陀仏を十度念想する意とすべき」とあるが、『梵本無量寿経』に照らしてみるに、十念の「念」は、citta になっているのに対し、念仏の「念」は、anusmṛti になっており、両者の念は直ちには重ならないといわねばならない。また森二郎の十善→十種心→十念の論は、願文の文当面からみても、また〈後期無量寿経〉の生因思想の構造からみても、妥当な説にはなっていない。そこで私自身は、荻原・藤原・池本説に従って、「願生心」説を取ったのである。(46)

ところで、その後の十念説として、藤田宏達、大田利生の説を見ることができる。しばらくこの両説の十念意を窺うことにしよう。

十一、藤田宏達（『原始浄土思想の研究』昭和四十五年、『大無量寿経講究』平成二年）

十念の念の原語が citta（心）であることは、サンスクリットの下輩相当文に「十たびこころを起こすことによって」（daśacittotpādāt）とあるのが、『無量寿経』で「乃至十念」と訳され、またサンスクリット本願文（第十九願）に「たとえ十たび心を起こすことによっても」（antaśo daśabhiś cittotpādaparivartaiḥ）とあるのが、『無量寿経』第十八願でいわれる「乃至十念」に当たることは明らかである。ただ、注意すべきは、下輩文においては、さらに

「一たびこころを起こすだけでも」（antaśa ekacittotpādenāpi）（『無量寿経』では「乃至一念」）といわれており、これが「十たび心を起こすことによって」とほとんど同じように用いられていること、しかもともに如来に対する「随念」もしくは「作意」という言葉、すなわち念仏を表わす言葉と併用されているということである。これは、十念のcittaの内容が念仏を指すものであり、そのようなcittaに十とか一とかをいうのが、決して本質的な差別を意味することでないことを示しているのである。（なお）サンスクリット本第十八願で、「澄浄な心をもってわたくしを随念するとして（prasannacittā mām anusmareyus）」と表現され、また第十九願で「たとえ十たび心を起こすことによってでも（antaśo daśabhiś cittotpādaparivartaiḥ）」と説かれている句をつなぎ合わせると、『大経』の原文をほぼ回収することができるであろう。(47)

十二、大田利生（「浄土教における十念思想」『真宗学』九一・九二　平成七年）

この願文のなかには、十念の念にあたるcittaが二箇所みられるが、もちろん、両者の意味に違いはないはずである。したがって、後者の十念の念（citta）の意味は、前者のcittaの内容を知ればよいことになる。それによると心とは、かの仏国土に対してかける心ということであるから、願生のこころを意味するのである。したがって十念の念（citta）も、願生心（かの仏国土に生まれたいと願う心）を意味しているとみなければならないことになるのである。（ただし最近の藤田宏達博士の説を参照すれば、十念と念仏の関係は、一応は十たび心を起こすことと、如来を随念することとは区別されなければならないが、）全く、切り離して考えることもできないのではないかと考えるのである。しかも、十念の念の意味が、阿弥陀仏の威神功徳、浄土の荘厳を聞いて、生まれたいという心を起こすことであり、阿弥陀仏を念ずるということと、内容的にそれほどの違いを認めることはできないように思えるのである。(48)

この二説によれば、十念念仏の念は、一方がcitta、他方がanusmṛtiと、梵語の異なった言葉の訳語であることを認めつつ、第十八願の十念を、阿弥陀仏を念ずるという、随念の意に解されているように思われる。そこでこれらの諸説をふまえつつ、『無量寿経』第十八願の、凡夫の往因思想としての「十念」の意を、いま一度、掘り下げてみたく思う。

2　第十八願の十念思想

『無量寿経』第十八願の「十念」に関する現在の諸学説は、十念の梵原語がdaśa cittaだということで一致している。だがその上で、諸説が出されるということは、『梵本無量寿経』願文でも、この往因の思想が、やはり曖昧にしか表現されていないということを意味する。そこでいま一度、『梵本無量寿経』の第十九願意を検討し、「十念」が、単なる単語としての、願生心であるとか、随念であるとか、称念であるとか、ということではなくて、第十九願文の最も重要な問題である、往生思想としての、十念義を明らかにしたく思う。重複するが、この願文の解釈からはじめよう。

……無量・無数の仏国土における生ける者どもが、わたくしの名を聞き、その仏国土に生まれたいという心をおこし、いろいろな善の根が熟するようにしたとして、そのかれらが、たとえ、心をおこすことが十返に過ぎなかったとしても、その仏国土に生まれないようなことがあったら……

この中の「たとえ、心をおこすことが十返に過ぎなかったとしても」の原語antaśo daśabhiś cittotpāda-parivartaiḥが、『無量寿経』等の「乃至十念」にあたり、なかんずくそのなかのdaśa・cittaが「十・念」を指すとみられている。この故にこの文中における「念」の原語cittaの意味内容が問題になる。右の意よりみれば、十念の「念」は daśabhiś cittotpāda（心を十回おこす）の citta にあたっているから、明らかにこれは「心」の意である。そしてこの「心」は、すぐ上の文「その仏国土に生まれたいという心をおこし（tatra buddhakṣetre cittaṁ preṣayeyur upapattaye）の「心」（citta）を受けている。この故にこの両所にみられる citta は、当然のこととして同意義を示す語と定められる。

さて、ここでこの citta の意を窺うに、『梵本無量寿経』では cittaṁ preṣayeyur（心をおこす）と示されており、この語の前後の言葉 tatra buddhakṣetre…upapattaye（その仏国土へ生まれるために）にかかっている。それ故にこの cittaṁ preṣayeyur の citta は、まさしく、弥陀の名号を聞いてその仏国土へ生まれたいと願う心、願生心の意となる。「十念」の語にあたる daśabhiś cittotpāda の citta は、この「生まれたいと願う心」を受けているのだから、ここに意味する「乃至十念」は、弥陀のまします仏国土へ生まれたいと願う心を「少なくとも十回くり返しおこす」の意になることは動かしえない。この故に、もしこの『梵本無量寿経』第十九願の daśa・citta の意が、『無量寿経』第十八願の「十念」に重ねられるとすれば、十念の「念」は、荻原説ですでに指摘されているように、「弥陀を念ずることでも、また弥陀の名を念ずることでもなく、弥陀に帰命する心、願生の意」だと考えられる。

ところが最近発表の藤田・大田説によれば、この十念が、『梵本無量寿経』の下輩相当文よりみて、むしろ「念ずる」の意に解されている。この場合、ここに二つの大きな問題があるように思う。一つは「十念」が衆生の生因を示す思想だということである。浄土教徒にとって、これは最大の問題というべく、往生のためには、自分に最も適った往因の行を選ばなければならない。そうでなければ、その行の成就は不可能となる。だからこそ生因を誓う本願が、各々の衆生に適うために、三願または二願、建立されているのであり、三輩段が説かれているのである。されればその「願」、あるいはその「願」独自の思想が重要なのであって、浄土往生の行者は、まきに自分に適した願の教えに従って、往生行を励むことになるのである。

とすれば、『梵本無量寿経』第十九願の生因思想と、「二十九章」(下輩相当文)の生因思想がはたして重なるかどうかがまず問題になる。両者の往因思想がもし異なっていれば、「十念」という同じ語が、たとえそこにみられても、その意は必ずしも一致しているとはいえないからである。いま一つは、往生の因としての、citta と anusmṛti の語義の問題である。大田説では、「十念の念の意が、阿弥陀仏の威神功徳、浄土の荘厳を聞いて、生まれたいという心を起こすことであり、阿弥陀仏を念ずるということと、内容的にそれほどの違いを認めることはできない」とあるが、この「念ずる」を、往因という観点からみれば、上輩・中輩・下輩のそれぞれでは、その念の内実に、実は大きな違いがあるといわねばならない。その意味からすれば、藤田説で、『梵本無量寿経』の第十八願と第十九願の言葉から、『無量寿経』第十八願の「至心に信楽して、我が国に生ぜん欲ひて、乃至十念せん」の意を導こうとされている見解には疑問が残る。そこで『無量寿経』十八願の十念思想を問題にする前に、この経の下輩の「十念念仏」の義をまず検討することにしたい。

従来の説に従えば、この「十念」と「念仏」の関係は、ほとんどが望月説のごとく、十念の「念」と念仏の「念」とを同意語とみなし、十念を念仏にかけて理解している。例えば本願寺出版の『聖典意訳浄土三部経』では、この箇所を「十たびでも無量寿仏を念じて」と意訳し、近年刊行された浄土真宗聖典『浄土三部経』でも、「わずか十回ほどでも無量寿仏を念じて」と和訳している。すなわち「十念念仏」を「十念の念仏」と解して、十念は念仏を形容し修飾する語とみなしているのである。はたしてそのように読まれるべきかどうか。ここで『梵本無量寿経』の下輩相当文に注意したい。『無量寿経』下輩の「乃至十念念無量寿仏……乃至一念念於彼仏」にあたる箇所を『梵本無量寿経』についてみるに、「十念をおこしてかの如来を思念し……たとえ一念をおこしたにすぎないとしてもかの如来を思惟し」と表現され、梵語で taṁ tathāgataṁ daśacittotpādāṁ samanusmariṣyanti……antaśa ekacittotpādenāpi taṁ tathāgataṁ manasikariṣyanti……と記述されている。これによれば『無量寿経』の「十念・念（仏）」「一念・念（仏）」にあたる文字が daśacitta・sam-anu-√smṛ, ekacitta・manasi √kṛ となっており、ここでは明らかに十念および一念の「念」citta と、念仏の「念」sam-anu-√smṛ または manasi-√kṛ とは、意を異にする違った文字が用いられているのである。されば下輩の十念意は、『梵本無量寿経』よりみるかぎり、「十たび心を起してかの如来を随念し」となって、望月説に代表される従来の学説は、やはり成立しないのではないかと思われる。

ところでこの点を、近年の藤田・大田説は、『梵本無量寿経』よりみて、citta と smṛ の意に、差はないとみて、「十念念仏」を「十たび心を起して随念し」と解され、「十念の念仏」の意にとられている。はたして citta と smṛ はそのように重ねられる言葉なのだろうか。今日、私たちの仏教研究は、文献学的・言語学的な人文科学の研究方法が、その主流になっている。この研究の方法によって、従来の不明瞭な部分の多くが解明されており、その成果を抜きにしては、今日の仏教思想の研究は、もはや成り立たないといって過言ではない。したがってこの研究方法の重要性は、十二分に認めねばならない。ただしこのような「住因思想」を問題にする場合は、いま一つ、「仏道」という、悟りを得ようとする行道が重要なのであって、単なる単語の意味の解明だけでは十分だとはいえない。どこまでも行道として、その語がどのような心を求めているかを、問わねばならないのである。

梵語の smṛ と citta は、共に念ずるとか、思う・思いという意味だとされているのであるが、その「念ずる」とか「思い」が、仏道として、どのような心の状態を示そうとする言葉であるかは、文献学的な研究方法では、ほとんど解明されていない。むしろそのような方向には、論考は深められていない。だが第十八願も三輩も、浄土教者の往生を問題にしている箇所である。とすれば、十念の「念」と念仏の「念」は、往因としての、行者の心の「ありかた」が問われているはずであるから、この二つの念は、行道において、どのような心の状態を意味する語であるかを、いま少し掘り下げねばならないのではないかと思う。この点に疑問を抱きつつ、私は解明の糸口を見いだすことができなかったのであるが、昭和六十一年の夏、たまたまバークレイの仏教大学院、I.B.Sで、スリランカの学僧 Venerable Madawala Seelawimala に会った時、この二つの言葉の、仏道としての心の違いを尋ねた。その時、師は地図を例えにして、この二つの言葉の違いを、非常に明瞭に語ってくれた。それを私なりに解釈をし説明すれば、次のようになる。

私がA氏から訪問するようにと依頼を受け、はじめての土地なので、「地図」を渡された。そこには「B駅で下車。前の大通りを渡る。右に一〇〇メートル。四つ角にパン屋。その四つ角を左へ一〇〇メートル。四つ角にポスト。そこを左に曲がって二軒日である」と書かれていたとする。そこに行くためには、まず地図を信じ、見知らぬB駅で下車。あれこれ考え、左右を見、改札口を出ると、そこに大通りがある。そうするとここで地図が一応合っているから、ほっと、大通を確認する心が生じる。この下車をして、大通りを確認するまでの、さまざまな思いや計らい、思念する心が、smṛ であり、まさに大通りを見て、確かに大通りがあると、確認する心が、citta だというのである。

そこでその心によって、さらに地図を信じ、大通りを渡って右に歩く。そこでまたさまざまなことが思念される。もうそろそろ一〇〇メートルだろうか。地図に間違いはないか。パン屋を見落としていないか。そのような思いで前方を見つめていると、また地図どおりパン屋を目にする。するとまたほっとして、あっ、パン屋があると、確認する心が生じる。この大通りを渡ってパン屋を確認するまでの、種々念ずる心が、smṛ であり、まさしくパン屋があると確認する心が生じる。この大通りを渡ってパン屋を確認するまでの、種々念ずる心が、smṛであり、まさしくパン屋があると確認する心が、cittaになる。これによってますます地図の確かさが信じられ、その地図に従って歩み進んでいく。この場合もその行程のなかで、いろいろなことの思念がなされ、ポストを確認し、最終的にA氏の宅にたどり着く。ここではじめて、地図の真実性が、まったく疑う余地のないものとして、覚知される。

この心は、最初に地図を信じる、その心と、質を異にしている。最初の信は、地図を信じながらも、はたしてそうだろうかという、疑いの余地を残している。それが地図に従って、実践し思念する行為と、確認する心、そしてさらに信を深め、行動を積み重ねて、まったく疑いの余地を残さない「信」が、ここに確立したことになるからである。そしてこの信は、地図の真実性を覚知すると同時に、まさに目的地に到達したという、歓喜の心となり、さらに不安の一切を取り除いた、安堵の心ともなっている。疑念とか不安はこの心に入り込む余地はないのであって、この人の心は、まさに清浄で晴々としているのである。この最終的な、清浄で晴々とした心が、cittaなのであり、そしてここに至るまでの、さまざまな思念する心が、smṛとなる。このように、二語の行道としての意義の、説明を受けたのである。

ここで再び、『無量寿経』下輩の「乃至十念、念無量寿仏」の義を問題にしたい。この二個の「念」は、中国語としてはまったく同一語であり、その言語の一方がcittaであり、他方がsmṛだとしても、その二語には、語義にほとんど差はないとされるのであるが、行道において、その心にもしこのような違いが見いだされるとすれば、この「十念念仏」は、従来一般的に読まれているような、二つの念を同格とみる、「十念という念仏」「十念の念仏」「十たび念仏ずる」といった読み方は、成立しないといわねばならない。ではこの「乃至十念」はいかに読まれるべきであるか。森二郎の指摘によれば、「十念は名詞であり、乃至は副詞であるから、乃至十念はそれだけでは語の働きがない。必ず動詞をともなわねばならぬ(49)」としている。ここで一つの示唆を与えるのが、『如来会』の下輩相当文である。

大乗に住する者は、清浄の心を以て、無量寿如来に向ひて、乃至十念し、無量寿仏を念じて、其の国に生まれんと願じ、甚深の法を聞きて、即ち信解を生ず。心に疑惑無く、乃至一念の浄心を獲得し、一念の心を発して、無量寿仏を念ずれば……(往生す)。

この「一念」に注意すれば、「一念の浄心を獲得する」「一念の心を発す」と動詞を伴ってここが表現されており、それに相応させて十念をも、「十念し」と動詞として捉えている。しかもこのことは、『梵本無量寿経』の十念・一念の「念(citta)」が、daśacittotpāda・ekacittotpādaと共にut √pad(おこす・発起す)という動詞を伴っていることからみても、『無量寿経』の原梵本でも、「発起す」にあたる語があったと目される。『無量寿経』の翻訳者は、非常に語調を尊んでいるが、おそらくそのために、その動詞を省略されたのではないかと思われる。かくて『無量寿経』の下輩もまた、「一向に意を専らにして、乃至十念し(少なくとも十念を起こし)、無量寿仏を念じ……」と読まれるべきものとなり、その二つの念の語義は異なっているとしなければならないのである。

ではこの下輩の十念と、第十八願の十念はどのように関係しているのであろうか。私は先に一言、生因思想を論ずる場合は、その生因はいかなる衆生にとっての生因かを、明らかにしなければならないといった。たとえ同一内容を示すような言葉が置かれていたとしても、『無量寿経』の場合、第十八願と第十九願と第二十願では、その心や行の内実は異なっているとみなければならないからである。またその願に対応している成就文も、明確にさせておかなければならない。それが願の内実と重ならない思想であるならば、その箇所は、その願の成就文とはいえないからである。そうすると『無量寿経』においては、第十八願と下輩段は、願と成就文の関係ではない。さればこの二箇所にみられる十念は、同一の言語、「daśa citta」が使われていても、往因となる心はそれぞれ異なるのである。

今日の研究では、第十八願の十念の義が、下輩の十念念仏の義より、類推されているのであるが、同意語として捉えられている、十念念仏の「念」citta と smṛ は、やはり行道として、その「念」には違いがみられるのである。さらにその上で、第十八願と下輩段との関係が問題になる。すでに論じたごとく、この両者は願と成就の関係ではない。それ故に、下輩からの類推には、なお一層、疑問が残る。その意味で、〈無量寿経〉諸異本の願文と成就文の、往因を示す語、信心・歓喜・清浄心・念仏・十念といった言葉は、言葉が同一であるからといって、行道もまた同一の内実であるとは、必ずしもいえない点に注意しなければならない。

では『無量寿経』第十八願の「十念」はどのような意になるのだろうか。ここで津田説に注意したい。この説は中国学の立場から第十八願の十念を解釈したものであるが、津田は「十念の念は文字どおり心に念ずることでなければならない。されば第十八願の十念の念は、『欲生我国』のことを念ずる義となる。すなわち『乃至十念』は『至心信楽欲生我国』を一念として、それに対して十念といったものと解される」と論ずる。この「念」は、中国語としては「念ずる」と読まれて当然であるが、その念が原語では citta であることに、私たちは留意しなければならない。ただしこの十念が、「至心信楽欲生我国」にかかる、とされているところに注意したいのである。真宗学一般では、常識的には、十念と三心は意味を異にする語として思考されているが、中国語としてみても、十念の内実が、「至心信楽欲生我国」と捉えられると、この説は語っているのである。

そこでこの本願文に成就文を重ねてみると、『無量寿経』では「其の名号を聞きて、信心歓喜せんこと乃至一念せん。至心に廻向して」となり、『如来会』では「無量寿如来の名号を聞きて、乃至能く一念の浄信を発して歓喜愛楽せん。所有の善根を廻向して」と述べられ、『梵本無量寿経』では「無量光如来の名を聞きおわって、たとえたった一度だけの発心であっても、浄らかな信に伴われて、心の底から発心する」と説かれる。大田説に従えば、この部分は「浄信にともなわれた深い志向をもって心を起すならば（apy adhyāśayena prasādasahagatam utpādayanti)」と解されるのである。そして第十八願の「信楽」に関しては、藤田説は、『梵本無量寿経』第十九願からその原語を prasannacitta であろうと類推している。

以上の諸点よりみて、以下のことが明らかになる。十念・一念の「念」の原語は citta であり、信楽・浄信・信心歓喜などの原語は prasāda・citta である。本願文とその成就文には smṛ に該当する「念」の語はみられない。

さてここで、第十七願と第十八願の関係が非常に重要になる。なぜ「至心信楽欲生我国・乃至十念」で往生が可能になるのか。諸仏によって讃嘆され、説法される、阿弥陀仏とその浄土、および名号の威神功徳不可思議が、この衆生にとって、もはやまったく疑いの余地なく信知されることになるからである。自分の心に、必ず阿弥陀仏の大悲によって摂取されるという真理が顕彰され、至心信楽・信心歓喜という心になって、必然的に、かの国に生まれるのだという慶喜の心が、くり返しくり返し発起する。それはまさに、心から往生を願う、澄浄なる心にほかならない。だからこそ第十八願には、この心が「往生の因」だと誓われたのである。

ところで中国語や日本語は、この citta と smṛ の微妙な心のはたらきの差は、表現しきれないのではなかろうか。この二語は共に「念」と訳されて、一心に阿弥陀仏を憶念し、浄土に生まれたいと願いつづける。逆にすれば、一心に往生を願い、阿弥陀仏を憶念しつづける意に解されることになるのである。そしてこのことは私たち日本人の意識の構造においてもいえるのであって、まさにこれらの行為は、一連の心の動きというべく、この心の動きを、大田利生が「十念が念仏の範疇に近い内容において考えられていた」と指摘しているように、この念と願生を「仏を念じ往生を念じつづける」と表現して、そこになんら誤りはなく、ひいては、この二つの「念」の語意にも、差は見いだせなくなっているのである。

『無量寿経』の三輩段にみられる往生の諸因は、聞名による信と、さまざまな善根を修すること、すなわち、菩提心を発起し、六波羅蜜行を修し、斎戒清浄にし、塔像を起立し、沙門に飯食せしめ、無量寿仏を念じ、悪心を改め、一心に往生を願う、このような諸善がここにみられることになるが、その全体を大きく集約して、一切の衆生の往因を求めれば、『無量寿経』の下輩段に説かれる、「無上菩提心を発して、一向に意を専らにして、乃至十念、無量寿仏を念じ、其の国に生まれんと願ずる。若し深法を聞きて、歓喜信楽して疑惑を生ぜず。乃至一念、無量寿仏を念じて、其の国に生まれんと願ず」となるのではなかろうか。つまり、阿弥陀仏の名号を聞いてその法を信じ、その仏を憶念し、その浄土に生まれたいと欲する。その願生し憶念する心の相続、「十念念仏」が、浄土への往生を決定せしめている。いわば、行道としての smṛ と、それによって決定せしめられる citta が、往生の因となっているのである。

ところが、『無量寿経』の第十八願とその成就文は、smṛ 等の行道性を往因から除き、ただ聞名による信楽のみによって、一切衆生の往生は決定するという、他にはみられない、特殊な往生思想を成立せしめている。なぜ、信楽という心の澄浄性のみによって、往生は決定するのであろうか。その心こそ、実相の法（名号の真実）を聞くことによって生じた、真実心であるからにほかならない。阿弥陀仏の大悲の法の真理が、諸仏によって聞かしめられ、完全に疑いが晴れて信楽する時、往生が決定するのは、法の道理として、当然のことなのである。この意味で、『無量寿経』第十八願とその成就文にみる阿弥陀仏の大悲性こそ、阿弥陀仏の本願の最も深まった思想だといえるのである。

3　十念と一念

このように『無量寿経』の第十八願とその成就文に、弥陀の救済の最も深い思想をみるのであるが、その願文と成就文の関係における一つの疑問点は、両所の往因が、「十念」「一念」と、異なっていることである。一体、この「十」と「一」は、どのような関係に置かれているのだろうか。ところで浄土教理史において、この第十八願と成就文の関係は、古来、往因に関して、それほど深い関心は持たれておらず、それが願と成就文の関係にあることを、明確に示されたのは、浄土真宗の七高僧においては法然が最初であり[50]、ことに信一念における往生の決定は、ただ親鸞のみに見る往因思想だといえる[51]。

ただし、本願と成就文の関係ではなくて、単なる「十念」と「一念」の問題であれば、「乃至」の語が、その解決を導いている。例えば曇鸞では、「十念」とはいかなる時間かを問いながら、それは悟りを得た者のみが知る長さであって、凡夫はただ、往生を願う心のみ（無他想心）を、相続していればよいといっているし[52]、また善導は、「上尽一形下至十声一声等[53]」と、ただ称名念仏を相続することの重要性が説かれている。

源信は『往生要集』で、「双巻経に云はく。乃至一念せば往生を得と。此れと十念と、云何ぞ乖角すると。答ふ。感師云はく。極悪業の者は十を満たして生ずることを得。余の者は乃至一念するも亦生ず[54]」と述べ、曇鸞や善導とは違った角度から、十念と一念の往生を問題にしている。だがこれは、往生する者の罪の軽重を論じているのであるから、本願とその成就文の関係が、ここで語られているのではない。なぜなら、この罪の軽重は、異なった二人の問題であるが、願と成就の関係においては、同一人における往因だからである。

かくみれば、第十八願と成就文の関係は、法然以後の思想というべきであって、それ以前はこのように考えられていなかったとすれば、この二箇所にみる「十念」と「一念」は、はたして願と成就の関係にあるのかという疑問が生じる。第十八願と下輩段の方が、思想的に近いのではないかと、考えられなくはないからである。だが第十八願の思想に、成就文と下輩段を対応させてみると、これは明らかに成就文が重なるといわねばならない。成就文の「信心歓喜」は第十八願の「至心信楽」に、また「至心廻向願生彼国」は「欲生我国」に、さらに「即得往生不退転」は「若不生者」に、そして「唯除五逆誹謗正法」は同文のそれに、それぞれ対応でき、一念と十念を除いては、両者は完全に重なるが、下輩段はそうではない。ここには「発無上菩提心・一向専意・念無量寿仏」など、第十八願には見いだせない、往生のための要因が含まれているからである。さればこの「成就文」という教示は、今まで隠されていた本願の一つの真理が、法然によってはじめて顕彰されたことになり、法然の説かれた本願の確かさが、改めて知らしめられる。

では「十」と「一」はどのように関係しているのであろうか。ここでどうしてもインド人の思惟方法が問題になる。もしこのような関係が、インド思想一般でもみられるのであれば、十と一の関係は矛盾ではなくて、インド人独特の思惟方法の特徴を示していることになるからである。ここでまず、『大阿弥陀経』や『平等覚経』の下輩段の「十日」「一日」という表現が思考される。ここでは「十日十夜斎戒を保ったものは往生できるが、また一日一夜斎戒を保つ者も往生できる」と表現されており、『無量寿経』下輩段の「十念」「一念」の関係と、きわめて類似した思惟法となっているからである。さらに『発覚浄心経』に説かれる「十種心」と「一念」にも、同様の関係をみる。(55) ここでも、弥陀の浄土に生じうる行法として、十種の清浄なる心の持ち方を示し、「この十種心を発した者は、弥陀の浄土に生じる」と説きながら、終わりにあたって、「菩薩もしこの十種心のなかの一心を具足すれば往生を得とする」と説かれているからである。

このようにみると、下輩段の十念・一念の表現は、一経典にみる特異な思想表示ではなくて、インド仏教思想にみられる、一つの独特な思惟方法だと受け取れる。ではこの「十」と「一」には、どのような意味がみられるのであろうか。ここでインド仏教における数理観をしばらく考えてみたい。末綱恕一の論文に(56)、華厳思想の教論についての、「十」と「一」の関係が論ぜられている。この論より、インド仏教における十と一に対する、数理理念の一端を窺うに、「十」は、「数全体」あるいは「完全」という意が持たれて、ことに重視されている数であることが知られる。それは仏典中にみられる「十」の熟語のいくつかを摘出すれば、すぐわかることで、十号・十法・十力・十界・十地・十波羅蜜など、十がものの完全、あるいは行の完成を示す言葉として用いられている。この点よりみて、十には「満数」の意が窺われる。では「一」はどうであろうか。この「一」という数は、いかなる場合でも重視されている数といえるかもしれないが、仏教においても、まさに初数として、「一」は重視されている。すべての数は、一がなければ存在もせず、成立もしない。ここに「一」の重要さがある。

ではその十と一とは、どのように関係しあうことになるのだろうか。一方が満数を、他方が初数を示すとすれば、両者があいまって、数の全体がここに語られることになるのではなかろうか。十は一が成じていくことによって、はじめて完成へと向かうのであり、逆に、一は十の存在のなかに自ずから含まれていることになる。いわば両者は互いに他を支えあって、一つの法の完全さを示そうとしていると考えられる。そこでこの義を、先の「十日と一日」「十種心と一心」そして下輩の「十念と一念」に当てはめてみると、「十」には明らかに行の完成の義がみられる。十日間斎戒を保つ。十種の清浄なる心を得る。十念を発起する。かくてはじめてこの行は成就されるのであって、それは七であったり、五であったりしてはならないのである。ここに行の完全なる成就としての「十」の意義があり、法義として、例えば、往因としての行の完成が求められるような場合は、必然的に「十」となるのではないかと思われる。

これに対して一は、行の初入を意味している。究極の「十」に向かうために、行者が踏み出す第一歩が、「一」だからである。その教法にどのような深義が説かれているとしても、またそれがどのような尊い行であったとしても、それを学び行ずる、行者の第一歩がなければ、その法も行も、衆生にとっては無縁なもの、無価値なものとなってしまう。それ故に、この法が、もし真に価値あるものであるとすれば、衆生をしてこの法に、必ず触れさせねばならない。この法に至る道、行の実践を可能ならしめる、第一歩の重要性がここに示されねばならないのである。法の真理からすれば、それは方便と呼ばれるべきものかもしれないが、その方便こそが、初入に導く真の道なのであり、その者をして悟りへと向かわしめるのである。その意味で、一はまさに十と等しく重要なのであり、その法が究極であればあるほど、一そのものに、究極の法としての、真因が見られるといわねばならない。

さればこの両者は、生因を同時に語りながら、しかも法として互いに矛盾しあわない。教法としての完全さは「十」において示されることになるが、その法は必然的に、行者が行ずる「一」のなかに、すでに成就されているからである。しかもその「一」は、単にそこに止まるのではなくて、行者をして必然的に「十」に向かわしめる。これがその教法の真実性だとすれば、両者は不離の関係にあるのであって、「十」の意義が「一」の不完全さを示すのでも、また「一」の意義が「十」の不必要性を語るのでもない。行の成満を意味する「十」を説くことによって、教理の完全さを顕示すると同時に、「一」のなかに行の成就の意を示して、行者をして、その行道を歩ませる。教法の真理と、行法の真理が、この「十」と「一」という二つの言葉によって、同時に語られていると窺える。

さて、以上の十と一の関係を念頭に置きながら、いま一度「下輩」の思想に注意しよう。

当に無上菩提心を発して一向に意を専らにして、乃至十念、無量寿仏を念じて、其の国に生まれんと願ずべ

し。深法を聞きて歓喜信楽して疑惑を生ぜず。乃至一念、彼の仏を念じて、至誠心を以て、其の国に生まれんと願ぜん。(57)

ここで「十念」と「一念」のそれぞれの内実をみるに、「十念」においては、「まさに無上菩提心を発して、こころを一心一向専一にして十念を発起し、無量寿仏を念じてその国に生まれよと願ぜよ」と、教法としての道理が、ここに示されていることをみるのである。

これに対して「一念」では、機の獲信の道理が説かれるのであって、「もし、十念往生という深法を聞いて、歓喜信楽して、この法に対する疑惑が完全に除かれる。まさにその一念を発起して、彼の仏を念じ、その真実心をもって阿弥陀仏の浄土に生まれたいと願ずる」。まさにこの人は往生すと、示されているのである。されば下輩という機の立場よりみれば、この中心思想は「一念」にあるといえるのであって、この点は、『如来会』においても『梵本無量寿経』においても一致している。ことに『如来会』の下輩の文、「甚深の法を聞いて、即ち信解を生ず。心に疑惑なく、乃至一念の浄心を獲得し、一念の心を発して、無量寿仏を念ずれば」を、『無量寿経』のこの文に重ねれば、「一念」の内実が、より鮮明に理解されうる。下輩においては、(清浄の心をもって、十念し、念仏すれば往生するという)甚深の法を聞いて、信楽を獲得し、その一念の浄心を発起して念仏するところに、往生は決定するのだと解されるのである。

では、第十八願文とその成就文にみる「十念」と「一念」の関係はどうであろうか。一方は、阿弥陀仏の本願に誓われている、救いの法としての道理であり、他方は、釈尊がその法の道理を説いて、まさに救われるべき機の真理が明かされているとみられるのではなかろうか。されば前者に「十念」が、後者に「一念」が語られているということは、それによって、一方では、救いの教法としての真実性が、他方では、救われるべき衆生の往因の真理性が、より一層明らかに、顕彰されているといえる。本願の「十念往生」という、名号の真理を聞き、信心歓喜して、一念の浄信を発する、まさにその時、往生は決定すると、この十念と一念の教法を理解することができるのである。

むすび

ここで「唯除五逆誹謗正法」の問題が残った。この言葉は、『無量寿経』と『如来会』の第十八願とその成就文、および『梵本無量寿経』の第十九願と第二十六章に、十念・一念の語とともに述べられている思想である。〈後期無量寿経〉においてのみみられる言葉で、しかも同じく十念・一念を語る下輩には、この語はみられない。されば〈後期無量寿経〉で独自に成立した、衆生往生の本願文とその成就文においてのみみられる思想ということになる。ではこの本願文およびその成就文の生因思想と、他の、〈無量寿経〉諸異本にみられる、生因願文および三輩段の生因思想との根本的な差はどこにあるのだろうか。それは衆生の行道の有無にあるといえるのではないかと思う。それを〈初期無量寿経〉の、最低の凡夫の往因行に重ねてみると、よくわかるのであって、ここでは悪を犯した衆生の往生をも認めるのであるが、ただしこの者は、悪を廃し善に返らねばならない。その上で斎戒清浄にし、十善行にみられるような善行を修することが求められている。この者に、五逆罪を犯し、正法を誹謗することはありえない。故にこの言葉が存在しないのは当然である。

その意味では、〈後期無量寿経〉の三輩の思想も同様だといえる。『無量寿経』の三輩を例にとれば、共通して「無上菩提心を発する」ことが求められ、その上で、さまざまな善根を修せしめられている。下輩においてさえ、「無量寿仏を念じ、至誠心をもって願生する」ことが、往因行となっているのである。したがってこの者にも、五逆罪を犯し、正法を誹謗する心は見いだせない。

では『無量寿経』の第十八願とその成就文はどうであろうか。ただ阿弥陀仏の法を聞き、弥陀の大悲に歓喜信楽して、自ずから彼の浄土に生まれたいとの願いを発起相続する。まさに、心の喜びのみが往因だと、説かれているのである。さればここでは、衆生の精神的肉体的な、悪に対する歯止めは、まったくみられなくなり、愚かな凡夫にとっては、造悪無碍的な考えを生ましめることになりかねない。そこで、五逆罪を犯さないということと、正法を誹謗しないという、仏道としての最低の善行が付せられたのだと考えられるのである。このようにみれば、『如来会』の第十八願と『梵本無量寿経』の第十九願に、「所有善根心心廻向」「いろいろな善の根が熟するようにしたとして」の「善根」はどうみればよいか、との疑問が生じるが、これはすでに一言するごとく、肉体的善行を意味するのではなくて、心からその浄土に生まれたいと願う、そのような思いが、心に熟していくことをいっているのであって、『無量寿経』の本願と、根本的な差はないと考えられる。ただしその「善根」を、生因から削除した『無量寿経』の思想に、やはり本願の最も深い大悲性がみられるのである。

註

（1）池本重臣『大無量寿経の教理史的研究』（永田文昌堂、一九五八年）、藺田香勲『無量寿経諸異本の研究』（永田文昌堂、一九六〇年）。

（2）藤田宏達『原始浄土思想の研究』（岩波書店、一九七〇年）、香川孝雄『無量寿経の諸本対照研究』（永田文昌堂、一九八四年）、大田利生『無量寿経の研究——思想とその展開』（永田文昌堂、一九九〇年）。

（3）『真宗聖教全書』（一）、一三七頁（以下『真聖全』）。

（4）『教行信証』「行巻」に引用。『真聖全』（二）、六頁。

(5) 『真聖全』(一)、一六三―一六五頁。下輩段の大意。
(6) 『真聖全』(一)、一〇九―一一一頁。中輩段の大意。
(7) 『真聖全』(一)、一〇九頁。上輩段の大意。
(8) 『真聖全』(一)、七九頁。
(9) 森二郎『無量寿経の原典研究』二三頁(『印度学仏教学研究』四―一に発表したもの)。
(10) 『大阿弥陀経』『真聖全』(一)、一五八―一五九頁。
(11) 〈初期無量寿経〉における阿弥陀仏の浄土は、浄土に生まれた一切の衆生が、無余涅槃に入るための修行の場として捉えられている。したがってその浄土が「相」を持っていても、仏教の「無」の思想とは矛盾しないのである。ところで〈後期無量寿経〉では、この有相の浄土が、般若の智慧によって再解釈される。真如が一切の衆生を救うために、妙有の相を現前せしめたのである。したがって〈後期無量寿経〉の阿弥陀仏とその浄土は、まさしく字義のごとく光寿二無量であって、この浄土は、真如から衆生の心に来たっている、真如自体の大悲の相だと解されるのである。
(12) 『無量寿経』往観偈の文。『真聖全』(一)、二六頁。
(13) 前掲註(1)(2)、池本重臣・藤田宏達・香川孝雄・大田利生の各説。
(14) 『平等覚経』の生因願は二願であり、『無量寿経』の生因願は三願である。そして『梵本無量寿経』の生因願がまた二願になるのだが、この疑問に関して、従来ほとんど問題にされていない。
(15) 『真聖全』(一)、九―一〇頁。
(16) 『真聖全』(一)、二四頁。
(17) 一―三は、岩波文庫『浄土三部経』(上)、三七―三八頁。
(18) 岩波文庫『浄土三部経』(上)、七八頁。

(19) 曇鸞は凡夫の往因を、『無量寿経』第十八願の「十念」の思想にみる。この曇鸞の教えを道綽・善導が承ける。源信にはやや思想のずれをみるが、法然がその第十八願の念仏思想を集大成するのである。
(20) 『真聖全』(一)、一三七頁。一六三―一六五頁。
(21) 『真聖全』(一)、七九頁。
(22) 岩波文庫『浄土三部経』(上)、三八頁。
(23) 『真聖全』(一)、九頁。
(24) 一・二の文『真聖全』(一)、一三七頁。
(25) 『真聖全』(一)、一六五頁。
(26) 藤田宏達註(2)前掲書、五八六頁以下。信楽峻麿『浄土教における信の研究』(永田文昌堂、一九七五年)一〇〇頁以下。中村元『仏教大辞典』の「信」の項。岩波『仏教辞典』「信仰」の項。
(27) 岩波文庫『浄土三部経』(上)、「26章」七八頁。
(28) 浄土教の教理史において、最初に「十念往生」を論じたのは曇鸞である。曇鸞はこの十念を、実相の法(名号)を聞くことによって生じる、浄土に生まれたいと願う心だと解したが、道綽の時代、「唯願無行」の論難を受けることによって、善導はこの十念を「十声の称名」の義だと解釈した。日本ではこの義が法然によって承けられ、ただ念仏による「選択本願念仏」の行道が確立する。親鸞はこの法然の教えによって獲信したため、法然のこの念仏の法門が第十七願の内実と重なり、ここに『無量寿経』の生因思想、第十七願の諸仏の讃嘆による「唯信」の往生義が、親鸞によってはじめて明らかにされるのである。
(29) 藤田宏達は『大無量寿経講究』四四頁以下で、〈後期無量寿経〉の成立順序について、願文および偈頌を『平等覚経』との関連において検討し、『無量寿経』→『如来会』→『梵本無量寿経』と考えられることを論証している。経典全体の構造よりみて、この説の妥当性に異義をはさむ者ではないが、ただ「生因」という一点よりみれば、『平等覚経』と『梵本無量寿経』が最も近いように思われる。現存『梵本無量寿経』は、後期梵本成立の当初以後、いくつかの改訂がなされたと考えられるが、「生因」の思想には、ほとんど変化はみられないといえるのではなかろうか。
(30)『真聖全』(一)、二二〇頁。
(31)〈後期無量寿経〉の成立に関して、今日では『荘厳経』がその最後に置かれる。その『荘厳経』の生因願を見るに、ここでも、『無量寿経』とは別な意味で、生因願が一願になっているのである。
(32)本書「四、善導の十念思想」参照。
(33)本書「二、曇鸞の十念思想」参照。
(34)荻原雲来「十念の研究」『荻原雲来文集』二六九頁。
(35)望月信亨『浄土教の起源及び発達』八〇八頁。
(36)加藤仏眼「乃至十念論」『宗学院論輯』七、九〇頁以下。
(37)泉芳環『梵本無量寿経の研究』一〇七頁。
(38)津田左右吉『シナ仏教の研究』六—七頁。
(39)森二郎「無量寿経の研究」『印度学仏教学研究』四—一、五六頁。
(40)藤原凌雪『念仏思想の研究』五四—五六頁。
(41)佐々木憲徳『大無量寿経入門』五七頁。
(42)池本重臣註(1)前掲書、三三二頁。
(43)鈴木宗忠『基本大乗仏教』一五七頁。
(44)拙論『顕真学苑論叢』五一。
(45)拙論「十念の研究(上)」『顕真学苑論叢』五一、三三二頁以下参照。
(46)拙論「十念の研究」『真宗学』三五・三六。

(47) 藤田宏達註(2)前掲書、五四五頁以下。『大無量寿経講究』一三〇頁以下。

(48) 大田利生「浄土教における十念思想」『真宗学』九一・九二、二三三頁以下。

(49) 森二郎『無量寿経の原典研究』三二頁(『印度学仏教学研究』六―二に発表)。

(50) 『選択集』「本願章」『真聖全』(一)、九四六頁。

(51) 『教行信証』「信一念釈」『真聖全』(二)、七一頁以下。

(52) 『浄土論註』上巻、八番問答の、第七問答および第八問答。『浄土真宗聖典七祖篇(原典版)』一一一―一一二頁。

(53) 『往生礼讃』の文。『真聖全』(一)、六五一頁。

(54) 『往生要集』「問答料簡・臨終念相」『真聖全』(一)、九〇四頁。

(55) 『大正大蔵経』一二巻、五一頁下―五二頁上。

(56) 末綱恕一「仏教における数理観」『仏教の根本真理』三七八頁以下。

(57) 『真聖全』(一)、二五頁。

二、曇鸞の十念思想

はじめに

真宗学で教理史的研究の必要性を、文献学的な立場から、最初に強く訴えたのは、池本重臣である。池本は最も初期に発表した、「真宗学研究法私見——特に教理史の地位に関して——」(『真宗学会会報』第九号、昭和十二年)という論文において、すでに真宗教学を教理史的観点から捉えている。そして池本は、その立場からの研究成果を、後年、『大無量寿経の教理史的研究』(昭和三十三年)として発表しているが、残念ながらこの研究方法を、さらに中国浄土教理史に向ける前に急逝した。その後、真宗学において浄土真宗の教理史的研究は、大田利生が受け継いでいる。ただし大田もまた、その研究を『無量寿経』からはじめており(1)、中国三祖の教理史的研究は今後の研究課題として残されている。したがって中国三祖の思想史的研究——特に念仏思想に関して——は、真宗学では今日でも江戸宗学的な発想が主流になっている。

もう三十年以上前になるが、私自身、中国三祖の念仏思想を研究していたが(2)、学園紛争の影響で昭和四十三年以後は、『教行信証』が主たる研究分野になってしまった。ところで親鸞は『教行信証』の「行巻」で、善導の六字釈を引用し、そこに独自の解釈をほどこしている。この六字釈の引意と、親鸞の独自な解釈を解明するためには、まず善導の六字釈の原意が明らかにならねばならない。そしてこの点が問題になれば、さらに、善導がなぜ、本願の十念を十声の称名として捉え、南無阿弥陀仏の六字の意義を述べたか、その意図が問われねばならなくなる。

ところで今日の真宗学で説かれている中国三祖の十念思想は、いまだに曇鸞・道綽の十念義においては、この十念は称名が中心であるとか、観念・憶念の義だといった、江戸時代に考えられた学問的発想によって、論議がなされている。善導が本願の十念を「十声の称名」と解したのは、摂論学派が浄土教の十念を、唯願無行と論難してきたからである。本願には十念にて即往生すると誓われているが、この十念は願の意のみで、行が求められていない。願と行が具足していない行道は、真の仏道とはいえないから、十念のみでは即往生しない。それは仏が凡夫に往生を願わしめる方便で、いつか別時に往生するという教えにすぎないと、主張してきたのである。そこで論難によって浄土教の往因思想は、その根底から否定されることになり、浄土教は一時、大きく衰退せしめられるのである。

このような思想背景のなかで、善導の「願行具足」の六字釈が説かれたのである。ということは、「十念」は本来、「唯願」を示す言葉であったということになる。しかも今日の学説では、『無量寿経』の十念思想は、『梵本無量寿経』よりみて、浄土に生まれたいとの願いを、繰り返し起こし相続する「心」の意だと解されている。第十八願に即していえば「至心信楽欲生」の心を、一心に相続していくことが「十念」になるのである。とすれば本願の十念は、まさしく摂論学派の主張と重なるのであって、摂論学派からの論難が、いかに浄土教徒を混乱に落とし入れたかが知られるのである。曇鸞の時代は、いまだ摂論学派は世で問われていない。したがって曇鸞においては、『無量寿経』の十念思想をそのごとく受け入れていると考えるのが、妥当な見方だといえる。これに対して、道綽は曇鸞の思想を忠実に受け継ぎながらも、同時に、摂論学派の論難を正面から受けている。そこに曇鸞とは異なった十念思想が生まれることになるが、こういった角度からの十念思想の研究は、今日までみられない。そこで従来の研究にはあまり触れず、ただ『浄土論註』(3)と『安楽集』、および善導著述の十念思想を、文献学的に検討し、中国三祖に見られる十念思想の展開を、教理史的に明らかにしていきたい。

一 「氷上燃火」の十念思想

『浄土論註』では三箇所に「十念」の語が見られる。第一は上巻末の「八番問答」中の、第六問答・第七問答・第八問答(4)の中で、第二は下巻の「観察体相章」中の「氷上燃火」(5)の譬喩を説く箇所で、そして第三は下巻末の「三願的証」(6)の項の中である。まず「氷上燃火」の十念思想を問題にしよう。『浄土論註』下巻「観察体相章」において曇鸞は、天親が説く、阿弥陀仏の浄土の「十七種荘厳功徳成就」を註解し、その結びの『浄土論』(7)の、「彼の無量寿仏国土の荘厳は第一義諦妙境界相なり。十六句及び一句次第して説けり、知るべし」(8)を、次のように解釈する。

第一義諦とは仏の因縁法なり。此の諦は是境の義なり。是の故に荘厳等の十六句を称して妙境界相と為す。此の義、入一法句の文に至りて当に更に解釈すべし。及一句次第とは、謂はく、器浄等を観ずるなり。総別の十七句は観行の次第なり。云何が次を起す。建章に帰命無礙光如来、願生安楽国と言へり。此の中に疑有り。疑ひて言はく、生は有の本、衆累の元たり。生を棄てて生を願ず、生何ぞ尽くべきと。この疑を釈せむが為に、是の故に彼の浄土の荘厳功徳成就を観ず。彼の浄土は是阿弥陀如来の清浄本願の無生の生なり。三有虚妄の生のごときには非ざることを明かすなり。何を以て之を言ふとならば、夫法性は清浄にして畢竟無生なり。生と言ふは是得生の者の情なるのみ。生苟に無生なれば、生何ぞ尽くる所あらむ(9)。

この文中の「建章」とは、天親『浄土論』の最初の一文、「世尊、我一心に尽十方無碍光如来に帰命したてまつりて、安楽国に生ぜんと願ず」[10]を指している。そしてこの「願生安楽国」について、曇鸞は上巻の最初の「作願門釈」でも、問答を発して、この場合と同一の内容を、次のごとく問題にしているのである。

問ひて曰はく、大乗経論の中に、処処に衆生は畢竟無生にして虚空のごとしと説けり。云何が天親菩薩願生と言ふや。答へて曰はく、衆生は無生にして虚空のごとしと説くに二種有り。一には、凡夫の謂ふ所のごとき実の衆生、凡夫の見る所のごとき実の生死は、此の所見の事、畢竟じて所有無きこと、亀毛のごとく、虚空のごとし。二には、謂はく、諸法は因縁生の故に即ち是不生なり。所有無きこと虚空のごとし。天親菩薩の願ずる所の生は、是因縁の義なり。因縁の義の故に仮に生と名づく。凡夫の、実の衆生、実の生死有りと謂ふがごときには非ざるなり[11]。

浄土教にとって最も重要なことは、衆生が浄土に生まれたいという「願い」を抱くことである。浄土に生まれたいと欲する衆生がなければ、浄土教は成り立たない。そこで『浄土論』でも、まず第一に、天親自身が釈尊に、私は一心に阿弥陀仏に帰命し、安楽浄土に生まれたいと願いたてまつると、自らの一心の願生を表白する。かくて純一に願生する心こそが、浄土教における往因のすべてとなる。ところがこの「安楽国に願生する」という仏道は、大乗仏教の根本原理からすれば、大きな矛盾を宿すのである。なぜなら大乗仏教では種々の経論で、「衆生は畢竟無生にして虚空のごとし」と説いているからで、そこで天親の「願生」と大乗の「無生」の原理が、はたして矛盾するか否かが、問われるのである。この疑問に対して曇鸞は、まず阿弥陀仏の浄土を「彼の浄土は阿弥陀如来の清浄本願の無生の生なり」と捉える。

すなわち天親が観察した阿弥陀仏の浄土とは、この「清浄本願の無生の生」としての浄土だとするのである。『浄土論』に明かされる、浄土も阿弥陀仏も、そして浄土の衆生も、その一切が「第一義諦妙境界相」にほかならず、「浄土の荘厳功徳成就」を観察する十七種の行の次第が、まさに清浄にして空そのものの、浄土の諦観を意味していたのである。したがって天親の「願生」は、大乗仏教の根本原理である「諸法は因縁生の故に即ち是不生なり」の義と完全に一致するのであって、「法性は清浄にして畢竟無生なり」といわれる、その浄土への無生の生にほかならないのである。さればこそ、曇鸞が「浄入願心章」で説く、諸仏菩薩の「二種の法身」[12]、法性法身と方便法身の義が、天親菩薩には明確に覚知されていたのである。

ではかかる浄土は、浄土教者一般においては、いかにして把捉されるのだろうか。「起観生信章」において、天親は自らが見た浄土の真実を、

云何が観じ、云何が信心を生ずる。若し善男子・善女人、五念門を修して行成就しぬれば、畢竟じて安楽国土に生じて、彼の阿弥陀仏を見たてまつることを得。[13]

と述べる。そこでこの意を曇鸞は受け、五念門行を修しその浄土が観察されれば、自ずから阿弥陀仏の実相身と為物身を知ることができ、淳心・一心・相続心という清浄真実の信心が生じると解釈する。[14]だからこそ、五念門行を修した天親の「我一心」の表白は、まさしく「無生の生」の願生の成就となり、天親は畢竟じて阿弥陀仏の浄土に生まれ、阿弥陀仏の真実の相を見られているると窺えるのである。

だが、かかる「無生の生」の願生に対して、曇鸞は同時に、次のような疑問をまた抱くのである。

問ひて曰はく、上に、生は無生なりと知ると言ふは、当に是上品生の者なるべし。若し下下品の人の、十念に乗じて往生するは、豈実の生を取るに非ずや。但実の生を取らば、即ち二執に堕しなむ。一には、恐らくは往生を得ざらむ。二には、恐らくは更に生ずとも惑ひを生ぜむ。[15]

『観経』の「下下品」には、次の如く説かれている。五逆・十悪の極悪人は、悪を犯した罪によって臨終の時、無

窮の苦悩に苛まれる。ところがその時、たまたま善知識に出遇って、念仏の法を勧められるのである。だがこの愚人は苦悩に堕しているために、念仏することが不可能である。そこで善知識はこの悪人に対して、「汝若し、念ずるに能はずは、まさに無量寿仏と称すべし。是の如き心を至して声を絶えざらしめて、十念を具足して、南無阿弥陀仏と称せよ。仏名を称することによって無限の罪が滅せられて、必ずや命終わる時、即往生するであろう」と告げるのである。かくて、この法を聞くことによって、この愚人は大いに歓喜して、「具足十念」して往生する。『観経』「下下品」で説かれる教えであるが、曇鸞は今、この教えを天親の『浄土論』の願生に重ねて、ではこの下下品の衆生の、「乗十念」の往生はどうかと問うのである。

臨終の苦悩に苛まれている下下品の極悪人には、いかなる念仏行もその実践は不可能である。そこで善知識はこの愚人に、阿弥陀仏の浄土の荘厳を、あたかも現に有るかのごとく、すばらしい相として語り、阿弥陀仏の名号の功徳を説いて、無量寿仏の名号を称えさせて、彼の浄土へ生まれたいと願わしめる。愚人はこの苦悩から逃れたい一心で、必死にかの安楽浄土への往生を願うことになるが、それはまさしく愚人が「実の生を取る」心だといわねばならない。この愚人の往生が今の問題なのであり、それに曇鸞は次のごとく答えるのである。

答ふ。譬へば浄摩尼珠を、之を濁水に置けば、水即ち清浄なるがごとし。若し人、無量生死の罪濁に有りと雖も、彼の阿弥陀如来の至極無生清浄の宝珠の名号を聞きて、之を濁心に投ぐれば、念念の中に罪滅して心浄まり、即ち往生を得。又是摩尼珠を玄黄の幣を以て裹みて、之を水に投ぐれば、水即ち玄黄にして一ら物の色のごとくなり。彼の清浄仏土に阿弥陀如来無上の宝珠有す。無量の荘厳功徳成就の帛を以て裹みて、之を往生する所の者の心水に投ぐれば、豈生見を転じて無生の智と為すこと能はざらむや。又氷の上に火を燃くに、火猛ければ則ち氷解く。氷解ければ則ち火滅するがごとし。彼の下品の人、法性無生を知らずと雖も、但仏名を称

する力を以て往生の意を作して、彼の土に生ぜむと願ずるに、彼の土は是無生の界なれば、見生の火、自然に滅するなり。(16)

ここで曇鸞は、阿弥陀仏の名号の功徳を、「浄摩尼珠」の譬えを通して説明する。この宝珠を濁水に置けば、いかなる濁水もたちまち清浄になるが、阿弥陀仏の至極無生清浄の名号の宝珠も同様であって、たとえ人が、どのような無量生死の罪濁の心を持っていたとしても、その無量の功徳の名号の宝珠を、往生を願う者の心に投げれば、名号の功徳によって、念念に罪が滅せられて、その心は清浄になる。したがって、その人の心がたとえ「生見」であったとしても、その心はそのまま、無生の智に転ぜられるのである。それはあたかも、氷の上で火を燃やすようなものであって、火の勢いが強ければ氷は解けるが、氷が解ければ、火は自ずから消滅する。下下品の人は「法性無生」の理などまったく知らなくても、ただ仏名を称する力によって、往生を願う意を作って、一心に彼の土に生まれたいと願ったならば、まさに「十念に乗じて」往生するのであり、彼の土に生ずれば、彼の土は「無生」であるから、下下品の愚人の見生の火は、自然に滅してしまうとされるのである。

このようにみれば、『浄土論註』には二種の往生が説かれていることになる。一は上品生の往生で、この者は五念門行を成就することによって、阿弥陀仏の真実清浄なる二種の法身を如実に知見し、その浄土への往生を一心に願生する、「無生の生」の往生である。他は五逆十悪の罪を犯せる、下下品の愚人が、臨終において善知識より阿弥陀仏の浄土の「清浄安楽」(17)なるを聞いて、まさにその浄土に生まれたいと願う、「十念に乗じて」の往生である。この下下品の愚人が十念によって往生する、「十念」の義がいま問題になっている。

二　『浄土論註』の易行道思想

曇鸞思想にみる五念門行を中心とした上品生の往生と下下品の十念往生を、今日の真宗教学の常識的立場からみれば、前者が観察門による難行の観念念仏の往生、後者が讃嘆門による易行の称名念仏の往生ということになるのではないかと思う。この「難・易」の行の思想は、龍樹の『易行品』によっていることはいうまでもない。そこでは、

仏法に無量の門有り。世間の道に難有り易有り。陸道の歩行は則ち苦しく、水道の乗船は則ち楽しきがごとし。菩薩の道も亦是くのごとし。或いは勤行精進のもの有り、或いは信方便易行を以て疾く阿惟越致に至る者有り。(18)

と説かれているが、これは大乗の菩薩の行道としての「難と易」であって、「入初地品」以下に示される、種々の勤行精進の道が難行であり、この『易行品』に明かす、「恭敬心を以て、執持して名号を称す(19)」等の行道が「信方便の易行」とされるのである。この浄土教の行道における難易については、後の善導の思想も同様であって、例えば『往生礼讃』に次のような文がみられる。『文殊般若経』に「一行三昧」を行ぜしむるにあたって、仏は行者に相貌を観ぜさせず専ら名号を称することを勧めた、と説かれている。そこで行者は疑問に思い、仏の相好を観察しようとしている者に、なぜ心を統一して一心に仏を観ぜよといわないで、直ちに専ら名号を称せと勧められるかを問うのであるが、その問いに対する答えが、

衆生障重くして、境は細なり心は麁なり、識颺り神飛びて、観成就し難きなり。是を以て大聖悲憐して、直に勧めて専ら名字を称せしむ。正しく称名は易きに由るが故に、相続して即ち生ずと。(20)

である。愚かなる凡夫は障りが重い。一心に心を統一して無我の境地になり、真如の仏を観察しようとしても、その真如の法は深くて微細である。それに対して凡愚の心は粗雑であり、常に心が動揺して、寂静無我の境地には達せず、清浄なる一心の相続は不可能で「観」は成就しがたい。そこで釈尊はその凡夫を悲憐して、専ら名号を称せよと勧められたのである。称名念仏であれば、その行は容易であるために、たとえ心が動揺していても、その相続は可能である。さればその称名の相続によって、やがて心は統一されて、「観」が成就されることになる。

この善導の文によっても知られるように、観察が難行、称名が易行として捉えられていることは明らかである。真宗教学で問われている往因行の思想は、この龍樹の難易二道判を承け、善導によって確立された、易行の称名正定業によっている。したがって、その中間に位置する曇鸞の難易二道の思想もまた、当然、その範疇に属していると考えられることになり、今日でも真宗学では、曇鸞の行道思想に関して、一般的には、五念門行中の讃嘆門と観察門が二分されて、易行の讃嘆門と難行の観察門の、どちらが中心となっているか、といったことが論ぜられているのである。

だが『浄土論註』の難易二道の思想には、龍樹や善導にみられるような「行」としての難易性は存在していない。たしかに曇鸞は『浄土論註』の冒頭において、「謹みて龍樹菩薩の『十住毗婆沙』を案ずるに」と述べて、龍樹の難易二道判を受けていると示しているが、実際的には、次のように論を展開しているのである。

菩薩、阿毗跋致を求むるに二種の道有り。一には難行道、二には易行道なりと。難行道とは、謂はく、五濁の世、無仏の時に於て阿毗跋致を求むるを難と為す。此の難に乃ち多途有り。粗五三を言ひて、以て義の意を示さむ。一には外道の相善は菩薩の法を乱る。二には声聞は自利にして大慈悲を障ふ。三には無顧の悪人は他の勝徳を破る。四には顛倒の善果は能く梵行を壊つ。五には唯是自力にして他力の持つ無し。斯くのごとき等の事、目に触るるに皆是なり。譬へば陸路の歩行は則ち苦しきがごとし[21]。

世の中が乱れ、仏のましまさない時代に、仏果を得るべき仏道の実践において、いかなる行が難行道とされているのであろうか。ここに五つの理由が示されるが、不思議なことに、龍樹が「陸路の歩行」と説く、行者の行為としての、行の難易性は何一つ説かれていない。人が世俗の利益を得るために、仏像を荘厳して、一心に行道に励み祈禱に専念している。この行は外道であるが、そのご利益が霊験あらたかだと説かれれば、世俗のご利益を示さない菩薩の法には、大衆は目を向けない。人が競って自らの利のみを求める世界では、他を慈しむ心は消え失せる。自分の過ちを顧みようとしない悪人は、その行為において、世の勝れた功徳を破っても心を痛めない。世を乱す悪徳が、あたかも善のごとく社会に横溢すれば、真実清浄なる行為は破壊される。邪見憍慢の自力のみの世界では、誰も仏力・他力を恭敬しない。この世の現実は、まさにこのごときであって、直接釈迦仏に導かれないかぎりは、仏道は成り立たない。如何に努力しても、それはただ迷路を迷っているようなものである。曇鸞はかかる時代の仏道の実践を「難行道」と捉えているのである。では「易行道」とは何か。

易行道とは、謂はく、但信仏の因縁を以て浄土に生ぜむと願ずれば、仏願力に乗じて、便ち彼の清浄の土に往生を得、仏力住持して、即ち大乗正定の聚に入る。正定は即ち是阿毗跋致なり。譬へば水路に船に乗ずれば則ち楽しきがごとし。此の無量寿経優婆提舎は、蓋し上衍の極致、不退の風航なる者なり[22]。

難行道がそうであったように、易行道においても、曇鸞は行者の行為性を何一つ問題にしない。ただ阿弥陀仏の本願力を信じて、彼の浄土に生まれたいと願えば、その仏の願力に乗じて、必ず阿弥陀仏の浄土に往生し、仏の力によって速やかに、大乗の菩薩となって初地に至る。それはあたかも、水路を船に乗って、楽しみながら目的地に至るようなものである。この教示によれば、目的地に至るべき確かな道標を持たず、迷い苦しんでいる旅人の道が

「難行道」となり、必ずその地に達する乗り物に乗って、安心してたやすくその目的地に至る道が「易行道」となる。かくて曇鸞は、乗り物に乗じて道を行くように、阿弥陀仏の本願力に乗ずる仏道を易行道と捉え、ただ仏願力に乗ずる仏道者のみが、二度と迷うことのない、仏果への道を進む者だとして、天親の『浄土論』の教えこそ、龍樹が『易行品』に説く、易行道の極致を示す教えだとするのである。

ではなぜ『浄土論』が、易行の極致を示す教えとなるのか。『浄土論』の教法の全体が、阿弥陀仏の本願力に依ることを、大前提にしているからにほかならない。それは『浄土論註』の結びにおいて、「凡そ是彼の浄土に生ずると、及び彼の菩薩人天の所起の諸行とは、皆阿弥陀如来の本願力に縁るが故なり[23]」と説かれることによって明らかである。菩薩は五念門行を成就することによって、速やかに仏果に至ることになるが、たとえ五念門行を行じ、浄土に往生した教化地の大菩薩といえども、もし阿弥陀仏の本願力を増上縁としないのであれば、これらの行の成就の一切はありえない。すなわち阿弥陀仏の本願力に乗じないかぎり、『浄土論』の行の一切が不可能だとみられるのである。それはなぜか。

何を以て之を言ふとなれば、若し仏力に非ずは、四十八願便ち是徒設ならむ。今的らかに三願を取りて、用て義の意を証せむ[24]。

もしそうでなければ、阿弥陀仏が四十八願を成就した意義が、すべて無意味なものになってしまう。この真理を最も的確に示している願を取り出せば、第十八願・第十一願・第二十二願となる。第十八願においては、「十念」の往生が誓われているが、仏の願力に縁るが故に、いかなる凡夫も十念に乗じて往生すとされるのである。浄土の菩薩は必ず正定聚に住し、菩薩行を実践するが、それは第十一願に縁っている。そして教化地の菩薩は、常倫諸地の行に超出した、還相廻向を行じるが、この行の成就もまた第二十二願に縁るのである。かくて本願力を増上縁としないかぎり、いかなる浄土の行も成り立たない義が、ここに証明される。されば曇鸞にとっては、第十八願の行者も、第十一願の行者も、さらに第二十二願の行者さえも、すべて易行道を歩む仏道者だということになる。かく『浄土論』は、その全体が阿弥陀仏の本願力によっているが故に、「易行道」の極致だとされるのであって、決して五念門中の讃嘆門が易行であり、観察門が難行であるといった捉え方はされていない。それよりも五念門行とは、まさに一心の願生を成就するための、一つの行道であるから、その中の一門を取り出して、その行を独立させて問題にすることなど、天親・曇鸞の思想においては、あってはならないのである。

三　八番問答の十念思想

『浄土論註』では「十念」の語は、三箇所にみられた。一と二はすでに論じた、「氷上燃火」と「三願的証」である。そのいずれでも、十念に凡夫の往因が語られている。ではそれはいかなる思想なのであろうか。第三の箇所「八番問答」の、第六と第七の問答のなかでその義が論ぜられることになるが、その十念義を明らかにするためには、まず「八番問答」の全体で、何が問題になっているかを知る必要がある。「八番問答」とは、『浄土論註』上巻の終わりに設けられている、八番の問答を指す。天親は『浄土論』の願生偈を「我れ論を作り偈を説きて、願じて弥陀仏を見たてまつらんと、普く諸の衆生と共に、安楽国に往生せむ（我作論説偈　願見弥陀仏　普共諸衆生　往生安楽国）」(25)という句で結ぶ。この句を曇鸞は「この四句は是論主の廻向門なり。廻向とは、己が功徳を廻して普く衆生に施して、共に阿弥陀如来を見たてまつり、安楽国に生ぜむとなり」(26)と註解し、天親が「普く諸の衆生と共に」といわれている「衆生」について、次のような八つの問答をおこし、その衆生の往生を問うのである。

第一は、天親自らが、普く諸の衆生と共に、阿弥陀仏の浄土に往生しようと願っている、その衆生とは誰かを問題にする。そして『無量寿経』の第十八願成就文と、『観経』の下下品を出して、その衆生とは、ここで往生が問われている衆生だとする。前者においては、ただ五逆罪を犯し、正法を誹謗する衆生を除いて、それ以外であれば、たとえいかなる悪人であっても、諸仏が讃嘆されている、阿弥陀仏の名号の威神功徳を聞いて、信心歓喜乃至一念し、至心に弥陀に廻向して、その国に生まれたいと願えば、必ず往生を得て、不退に至ると説く。また後者においては、最大の悪業である、五逆・十悪の罪を作り、その他諸の悪行を犯している愚人は、悪業のために、無限の間、苦悩を受けることが窮まりないはずである。ところがその愚人が、偶然にも臨終に、善知識によって、阿弥陀仏の法を聞かしめられ、念仏を勧められるに遇ったとしよう。ただしこの愚人は、無限の苦悩に苛まれているために、念仏をする状態には置かれていない。そこで善知識はこの愚人に、汝もし念ずることができなければ、南無阿弥陀仏と称せよと告げられる。この愚人は勧めにしたがって、心を至して必死に、声を絶えさせないで、十念を具足して南無阿弥陀仏と称する。この愚人は仏の名号を称したために、無限の罪が滅せられて、命終わるその時、阿弥陀仏の浄土に往生することを得る、と説かれる。この両経典に示されている極悪の愚人が、いま天親が「普く諸の衆生と共に」と願っている衆生だとする。

第二は、この衆生の往生について、先の二経典の教えの矛盾点を問題にする。『無量寿経』には、「唯五逆と誹謗正法とを除く」と説かれ、『観経』では、「五逆・十悪の愚人」が往生を得と説かれているからである。一方では五逆罪を犯すものは除かれ、他方では救われるとされる。そこでこの矛盾点を質し、五逆罪を犯した愚人は、はたして往生するか否かを問う。答えは簡単で、一方は二種の重罪を具しているからだとする。すなわち、『無量寿経』では五逆罪と正法を誹謗する罪を犯しているから除かれ、『観経』は五逆罪のみで、正法を誹謗していないから救われるとするのである。

第三は、この二種の重罪を問題にする。もしただ正法を誹謗するのみで、五逆等の諸の罪がないとする。では、この愚人に往生の可能性があるのか。この問いに対し、正法を誹謗する者は、絶対に往生しないという。いかなる経典も正法の誹謗を許していないからで、それほど誹謗正法の罪はきわめて重いのである。だがそれよりもこの者は、仏法を誹謗しているのであるから、真実往生を願う心は持っていない。ただ彼の土の安楽を貪るために生まれようとするのであれば、それは仏法の道理からして、まったく不可能なことだといわねばならない。

第四は、正法を誹謗するとはどういうことかを問う。仏無し。仏法無し。菩薩無し。菩薩の法無し。このように口に言い、心に念じ、また他の者がこのようにいっている言葉に従うことが、正法を誹謗することになる。

第五は、それであれば常識的にみて、世の倫理に逆らっていないかを問う。なぜなら正法を誹謗する罪は、己自身の問題で、他の者に何ら被害を加えていない。それに対して五逆罪は、現に父や母を殺し、世の平和を乱すといった重罪を犯している。それなのになぜ、五逆罪よりも正法を誹謗する罪の方が重罪になるのか。世俗の法のみによって、たとえいかに厳しく倫理規定を定めたとしても、世の中から重罪が消えることはない。けれども真に仏法に導かれている世においては、仁義礼智信は守られている。五逆罪はまさに正法無きより生ずる。故に、正法を誹謗する人は、その罪が最も重いのである。

第六は、その五逆罪者の往生を問題にする。『業道経』によれば、「業道は秤のごとし。重き者先づ牽く」と述べている。ところで『観経』では、五道罪を犯した者が、臨終の間際に、善知識の勧めによって、十念を具足して弥陀の浄土に往生を得ると説く。五逆罪の愚人とは、曠劫より已来、諸の悪行を積み重ねてきた者で、その一切の悪業は繋属しているはずである。それに対して、臨終の十念は、ほんの瞬間の行業である。一体、五逆罪の愚人が積んできた悪業と、臨終の十念とどちらが重いのか。「重き者先づ牽く」の義はどう解されるべきか。そして繫業の義をどのようにみればよいのか。

この問いに曇鸞は、

汝、五逆・十悪の繫業等を重と為し、下下品の人の十念を以て軽と為して、罪の為に牽かれて先づ地獄に堕して三界に繫在すべしと謂はば、今当に義を以て挍量すべし。軽重の義は、心に在り、縁に在り、決定に在りて、時節の久近多少に在らず。(27)

と答えて、以下、「軽重」の問題について、十念がなぜ五逆罪よりも重いかを、「在心・在縁・在決定」の三義を通して明らかにするのである。

「心に在る」とはどういうことか。五逆罪を犯せる愚人は、今までの悪の行為の一切を、自らの「虚妄顛倒の見」によって、心に生ぜしめている。けれども、この十念は、善知識が苦悩に苛まれている愚人に対して、種々の方便をもって心を安慰せしめたがために、「実相の法を聞く」ことができて生じたのである。一は実であり、他は虚である。この両者をどうして比較することができようか。譬えば千年間閉ざされた暗室に、光が照らされたとする。するとその瞬間、この室は光によって明朗になる。たとえ闇が千年続いていたとしても、光が輝くその瞬間に、闇は消え去らねばならない。それと同じであって、心が真実に満たされれば、虚妄はその瞬間に消滅する。これが「在心」である。

「縁に在る」とはどういうことか。彼の造罪の愚人は、自らの妄想の心によって、さまざまな悪行を為してきたのであるが、この者の周囲はすべて、「煩悩虚妄の果報」を受けた迷える衆生のみである。その人々を縁として、この愚人は無数の罪を造ってきたのである。ところでこの十念は、実相の法を聞き、無上の信心によって生じたのである。したがってその心は、「阿弥陀如来の方便荘厳真実清浄無量の功徳の名号」を縁として生じているのである。譬えば、人が毒の箭を射られ、傷がどのように深くても、「滅除薬」の鼓を聞けば、箭は抜け、毒は除かれるようなものである。箭がどれほど深く刺さり、その毒がいかに猛毒であったとしても、滅除薬の鼓の音声を聞いて、箭が抜けず毒が消えないということが、どうしてありえようか。愚人の悪業も同様であって、名号の音声を聞く縁によって、その悪業が除かれる。これが「在縁」である。

「決定に在る」とはどういうことか。彼の造罪の愚人は、「有後心・有間心」による生の営みである。生は何時までも続くという油断があり、その心は虚妄の雑念が入り乱れている。それに対して十念は、「無後心・無間心」によって生じている。今を除いて救われる時はないという絶体絶命の、ただそのことのみの必死の心より生じている。これが「在決定」である。この三義によって明らかなように、五逆罪より十念が重い。「重きもの先づ牽く」であるから、十念によってよく三界を出ることができる。かくて、『業道経』と『観経』の義は一致するのである。

第七は、第六問答で残した、十念の「繋業」の義が問われる。第六問答では、五逆罪と十念の「軽重」と「繋業」の二義が問われていた。五逆罪を犯している愚人は、無限の過去より重罪を積み重ねている。その悪業が無限の過去世より繋累し積重しているが故に、いま、五逆罪を犯すような愚人になっているのであるから、その罪業は甚だ重いのである。それに対して臨終の「十念」の繋業は、無に等しいほどの瞬間の相続でしかない。それ故に甚だ軽いとみられたのであるが、それに対して曇鸞は、この軽重は「量」の問題ではなく、「質」の問題だとして、ここに三在釈義を導いたのである。五逆罪は自身の「虚妄顚倒の見」に依止して生じたのであるが、十念は「実相の法を聞く」によって生じている。故に十念が心に生じた時、今までこの愚人に繋属していた悪業の一切が、その瞬間に断ち切られる。一は虚であり、一は実であるからである。かくて十念往生の義が成立したが、ただし十念の

「量」が問われずに終わってしまった。そこで次のような問いが、発せられるのである。

問ひて曰はく、幾ばくの時をか名づけて一念と為す。(28)

十念の繫業によって往生すといわれたが、それではその一念とは、いかほどの時間なのか。一般的には、ほんの瞬間、まばたきをする時の百分の一の時間を一刹那といっている。その六十倍が「一念」だとされている。だが今この問答のなかで「念」といっているのは、このような時間をいっているのではない。ただ言いたいことは、阿弥陀仏の総相や別相を憶念する場合、所観の縁に随って心に他想をなくしてしまう。あたかもそのように「心に他想無くして十念相続するを名づけて十念と為す」のである。それは名号を称える場合も同様である。ただ「心無他想」が十念相続すればよいのである。

第八は、この第七の答えが、問いに十分答えていないことを問題にする。(29) なぜなら第七の問いは、十念の時節、「量」はいかほどかを問うている。だがそれに対して、ただ「心無他想の十念相続」と答えるのみだからである。心がもし「他縁」するのであれば、他の縁に触れる数を数えて、念の多少を知ることができる。だが多少を知ることができたとしても、それは無間ではないから、「心無他想」の相続にはならない。といって心を凝視して、想を一つに専念せしめるのであれば、どうして念の多少を判断することができるのか。これが第八の問いとなる。この疑問に曇鸞は、

答へて曰はく、経に十念と言へるは、業事成弁を明かすのみ。必ずしも頭数を知ることを須いざるなり。……十念業成とは、是亦神に通ずる者之を言ふのみ。但念を積み相続して他事を縁ぜざれは便ち罷みぬ。復何の暇ありてか念の頭数を知るを須いむや。(30)

と答えるのである。経典に「十念」といっているのは、何も「これだけ」という「量」を定めているのではない。

ただいいたいことは、それ以外のことは想わないで、ただその一つの念を相続せよということで、それがすべてだと、ここで明かしているのである。したがって、必ずしも念の数を知る必要はない。例えば蟬は春秋を知らないし、この虫がどうして、今が夏という季節であることを、知りうるであろうか。ただ春夏秋冬という季節は、知る者によって、そういわれているにすぎない。そのように「十念業成」とは、神通力をもった仏のみがいえる言葉である。凡夫はただ「心無他想」の念を積み、相続すればよいのであって、「念」の数など知る必要はない。一体、臨終にどんな暇があって、「念」の数を数えられると思っているのか。

以上、八番問答の大意を示しつつ、第六、第七、第八の問答については、曇鸞の十念義の解釈を試みた。曇鸞はこの問答を通して、大きく二点を問うている。一は、天親が「普く諸の衆生と共に」往生しようと願われた、その衆生とは一体誰かの問題である。ここでは五逆罪を犯した極悪の愚人を含む、一切の衆生だとする。二は、その五逆罪の愚人について、この者がなぜ、臨終に「十念」で往生するかを問う。そしてなぜ往生が可能かについて、十念は、愚人が「実相の法を聞く」真実の心より生じたものだとして、この十念の真実性が、愚人の一切の虚妄を破るが故に、十念によって往生するのだとみる。

かくて天親は、五念門行を修して、阿弥陀仏の浄土の無生の生を知り、「心心相続して他の想間雑すること無し」という一心の願生によって、自らの往生を願い、さらに五逆罪を犯せる愚人と共に往生するために、その愚人に対して、阿弥陀仏の本願に誓われた「十念」の実相の法を聞かしめることになる。では『浄土論註』に説かれる「十念」とは、いかなる思想であるのか。

四　曇鸞の十念思想

曇鸞の十念思想に関しては、すでに多くの論考が発表されている。最近では大田利生の論文[31]があり、信楽峻麿の論文[32]では、従来の主たる解釈が概観されている。そのすべての共通点は、八番問答中の第七問答を取り出して、その文中の十念のみに焦点を当てて、曇鸞の十念義を導こうとしている点である。その第七問答とは、

問ひて曰く、幾ばくの時をか名づけて一念と為す。答へて曰はく、百一の生滅を一刹那と名づく。六十の刹那を名づけて一念と為す。此の中に念と云ふは此の時節を取らざるなり。但阿弥陀仏を憶念するを言ふ。若しは総相、若しは別相、所観の縁に随ひて、心に他想無くして十念相続するを名づけて十念と為す。但名号を称するも亦復是のごとし[33]。

である。この文の解釈をめぐっても、共通するところが一点ある。それはこの問答を二つに区分している点で、従来の学説はすべて、最初から「時節也」までと、「但言憶念」以下に分け、前半を十念の「時節」についての問答、後半を十念の「相状」についての問答だとして、

この中、前半は十念の念を時間に約する一般的釈義を挙げて簡捨したものであり、後半は曇鸞のとらんとする十念釈である[34]。

等と述べる。したがって前半はまったく無視されて、論諍の焦点はただ後半のみに向けられ、曇鸞の十念は、あるいは「憶念」が中心であるといい、あるいは「称名」が重視されていると、論ぜられているのである。だが私はこのような捉え方には、大きな疑問を抱く。なぜなら、そのような解釈をなされては、第七問答が問答の態をなさな

くなってしまうし、第七問答と第八問答の関連も断ち切られてしまうからである。この問答の現代語訳の一例を窺うに、

問う。どれほどの時間が「一念」というのか。答える。百一の生滅を一刹那といい、六十刹那を一念と呼ぶ。これは一念を時間とみているが、いまいう「十念」の「念」は、時間を意味する「念」ではない。阿弥陀仏を憶念するところの「念」の意味である。(35)

と註解している。ここで原文の「此の中に念と云ふは此の時節を取らざるなり（此中云念者不取此時節也）」に該当する、この訳文を重ねてみると、「此中云念書」が「これは一念を時間とみているが、いまいう『十念』の『念』は」にあたり、「不取此時節也」が「時間を意味する『念』ではない」にあたるのではないかと思う。そしてこの訳は、「前半において時間が否定され、後半において曇鸞の十念義が明かされる」とする、従来の学説と一致している。だがいましばらく、この原文の逐語訳を試みながら、その訳文を検討してみたい。まず「此の中に念と云ふは」の「此の」は、「この第七問答」を指しており、「中」とは、この問答の中で説かれている時間論、「六十刹那を名づけて一念となす」を示しているといえる。そして「念と云ふは」は、その一念の「念」を意味している。では「此の時節を取らざるなり」はどうであろうか。「此の時節」は明らかに「六十刹那」を指しているとみなければならない。されば「取らざるなり」は、この「一念」を「六十刹那」だとする「時間の意」を取らない、という意味になる。決して「時間」そのものを否定しているのではない。

ところが、従来の学説のほとんどは、この註釈のごとく、「不取此時節」を「時間を意味する念ではない」と訳して、「此時節」の「此」について、ほとんど注意が払われていない。そこでこの問答を、前半と後半に区分して、前半を「時間についての否定」を示している、という意に解するのである。だが「此時節」の「此」に注意すれば、

いま問題になっている「一念」は、ここで論ぜられているような、六十刹那を一念とする「此時節」を取らないというだけの意となる。それ故に、この第七問答の念についての「時間論」は、後半においてもそのまま続くとみるべきで、かくみれば、先に指摘した、問答それ自体の、「一念とはどれだけの時間か」という問いに、「それは憶念することであり、称名することだ」と答えたとする、矛盾性は解消されることになる。

そこでいま一度、この註釈に目を向けてみる。それによれば、問答の後半の部分冒頭の現代語訳が、「阿弥陀仏を憶念するところの念の意である」となっている。ところでこの訳は、最近出版された『浄土真宗聖典七祖篇（原典版）』の書き下し文の読み方と一致している。そこで、その文とも重ねて検討を加えることにしたい。

> 但阿弥陀仏を憶念するを言ふ。若しは総相、若しは別相、所観の縁に随ひて、心に他想無くして十念相続するを名づけて十念と為す。但名号を称するも亦復是くのごとし(36)。

現代語訳ではそれ以下が、

> つまり、阿弥陀仏全体のすがた、あるいはその部分部分を観察の対象となし、心を専一に、他のさまざまな想いを雑えず、十度、憶念相続するのを十念という。したがって、南無阿弥陀仏の名号を称える相続もその通りである(37)。

と意訳されるのである。このような読み方は、今日の一応の定説だともいえるのであって、最近発表された大田論文でも、『浄土真宗聖典』の読み方にしたがって、この「念」を憶念の意に解している(38)。さればこの「一念」は、現代語訳に説かれているように、阿弥陀仏のお姿を、他の想いを雑えず、憶念して、その念が相続していくことが、この「十念」の意であり、また十声名号を称えることも「十念」の意だということになる。だがもしそうだとすると、この十念は、『観経』「下下品」の十念と、どう関係するのであろうか。

曇鸞はいま八番問答を通して、五逆罪を犯せる最下の愚人の往生を問題にしている。そこでは当然、第十八願成就文の往因思想も重ねられて考えられてはいるが、願成就文の文面では、五逆罪者は除かれるという表現が取られているので、衆生に関しては、『観経』の「下下品」にしぼって、この五逆罪者の、臨終の往生を問題にするのである。ではその五逆罪者は今、どのような状態に置かれているのか。この愚人の姿を『観経』では、「彼の人、苦に逼められて念仏するに遑あらず(39)」と表現している。まさにこの愚人は、五逆罪を犯したが故に、無限の苦悩に苛まれて、身心ともに、苦痛と恐怖に動転している。それ故に「念仏するに遑あらず」と述べられているのである。

とすれば、従来の学説はすべて、第七問答の十念は、この五逆罪者の臨終の十念であるという点を、完全に見落としており、さらに八番問答の、思想の流れをまったく無視しているといわねばならない。なぜなら五逆罪者の臨終は、苦悩に苛まれ心が顚倒しており、とても阿弥陀仏のもしは総相もしは別相を憶念して、他想無き心を持続できるような状態には置かれていないからである。したがって、この十念を心無他想の「憶念」の相続とする説は、『観経』「下下品」の思想とまったく一致しないといわねばならない。では「称名」とみる説はどうであろうか。そこで、この十念を十声の称名として、「具足十念」の文に重ねてみると、「心を至して声を絶えざらしめて、十声の称名を具足して、南無阿弥陀仏と称せしむ」となって、これもまた、文そのものが意味をなさなくなってしまう。この十念を下品下生の、五逆罪を犯せる愚人の十念とみる限り、曇鸞の十念思想は、阿弥陀仏の総相・別相を一心に「憶念」しつづける意とも、また弥陀の名号を十声「称名」する意とも、解することはできないのである。

ここで、第七問答に対する従来の解釈を、二点で大きく問いなおすことにしたい。第一は、この問答は、念の「時間」の問題ではなく、念の「相状」を説いているという捉え方についてである。この見方では、十念の「念」が、憶念であるか称名であるかを問うのであるが、このような問いは、日本浄土教の特殊な関心事であって、中国浄土教においては、道綽の思想においても、そのようなことはあまり問題にされていない。しかも「念」の相状を具体的に問題にしているのは道綽であって、曇鸞思想においては、念の相状は明確には説かれていない。それを説く必要性を曇鸞はみていなかったからである。なぜなら、十念の意義については、第六問答の「三在釈義」で、十分説明し尽くされているからで、曇鸞においては、十念が「実相の法を聞く」ことによって生じた、「真実の心」だということこそを顕示することが、そのすべてであったのである。

ただし十念は、その真実心の相続する時間を必要としているから、真実心が生じるその瞬間、「一念」はどれだけの時間かを問うたのが、第七問答になる。したがって第七問答は、どこまでも「真実心の相続する時間」を問題にしているのである。そして真実心の相続する心を、「心に他想無くして十念相続する」と表現しているのである。この「心無他想」は、曇鸞にとっては、まさに実相の法を聞くことによって生じた心にほかならないが、それは浄土教のある特殊な状態において生じる心である。そこで曇鸞は、仏教一般の行業を通して、「真実心の相続する時間」を示したのが、第七問答の後半の部分、「但言」以下の言葉になるのである。

かくて第二に、後半の部分の解釈が問題になる。さて「但言」以下の読み方について、今日二通りの読み方がみられる。一は、先に示した『浄土真宗聖典』の読み方であり、二は、『真宗聖教全書』（一）にみられる、

但言ふこころは、阿弥陀仏の若しは総相、若しは別相を憶念して、所観の線に随ひて、心に他想無くして十念相続するを、名づけて十念と為す。但名号を称するも、亦復是の如し。(40)

両者の大きな違いは、「言」が何を言おうとしているかにある。前者にあっては「憶念するを言ふ」であるから、この問答は完全に二つに分かれているとみる見方であって、それ故に、ここでは時間論が否定され、十念は憶念であり称名であるという、解釈が導かれる。後者にあっては、この「言」は、それ以後の言葉全体にかかることにな

るから、この意味は、「ただここで言いたいことは」ということになり、その指し示している言葉は、「心に他想無くして十念相続する」になる。したがってこの読み方では、時間論は後半にも続くのであって、「その心の相続を、いま十念と言っている」が、第七問答の結論となる。それ故に、第八問答でその矛盾が問われることになるのである。

ではこの問答中の、「憶念・称名」と「十念」の関係は、どうなるのだろうか。従来の学説は、日本浄土教の教義に基づいて、「憶念・称名」と「十念」は同義語であるとの前提の上で、論が展開されているように思われる。したがって、十念はすでに憶念であり、称名なのであるから、要はそのどちらが中心かを問題にすればよかったのである。だが第七問答においては、「憶念・称名」と「十念」は、同義語の関係には置かれていない。十念は、「心無他想の十念相続を名づけて十念と為す」といわれているのであるから、もし同義語をみるとすれば、それはむしろ「心無他想」だといわねばならない。されば「憶念・称名」と「心無他想」の関係が明らかにさえなれば、必然的に、「憶念・称名」と「十念」の関係もまた明らかになる。

さて曇鸞はこの関係を「憶念して心に他想無くして」と述べる。憶念とは一つの行業であって、憶念する行為が他想無き心を生ぜしめている。それは称名においても同じであって、称名して他想無き心を作るのである。とすれば、「憶念・称名」と「十念」の関係も、まさにそうであって、仏教一般の念仏行からすれば、「憶念・称名」の行為が「十念」を生ぜしめ、「十念」は「憶念・称名」によって生ぜしめられる心となる。そこで曇鸞は仏教一般の念仏行の一例をここに用いて、「ただ言ふこころは」として、十念相続の状態を、あたかも憶念して心が無他想になる、そのような「心無他想」の十念が相続する時間を、「十念相続」と名づけるのだとされたのである。

むすび

では『浄土論註』に説かれる、五逆罪を犯せる愚人の、往因となる「十念」は、いかなる思想なのだろうか。私たちは何の疑いもなく、曇鸞の十念思想といえば、直ちに第七問答に関心を向けるのであるが、この問答は、十念の往因を問うている箇所ではない。十念とは他想無き「心」だということが、明らかにされているとはいえ、往因としての十念義は、この問答の問題点ではない。そこで『浄土論註』で十念が、往因思想として語られている箇所を窺うに、㈠「八番問答」の第一問答に引用されている、『無量寿経』の本願成就の文と『観経』「下下品」の文の一念と十念、㈡第六問答に説かれている十念、㈢「氷上燃火」にみる十念、㈣「三願的証」の第十八願文の十念、の四箇所にその十念義を見いだしうる。ところでこのうち、㈠は、経典の引用文の中の十念であり、㈣は、曇鸞が註解を施しているとはいえ、これは本来的には、本願の増上縁を問題にしている箇所である。されば曇鸞自身が、下下品の愚人の、往因としての「十念」に、解釈を施しているのは、㈡と㈢の箇所で示される十念義ということになる。

さて、その㈡の「第六問答」と、㈢の「氷上燃火」に説かれる十念は、明らかに『観経』「下下品」の五逆罪を犯せる愚人の「往因」なのであるが、ただしここで示す曇鸞の解釈は、必ずしも「下下品」の思想とは一致していない。『観経』「下下品」の大意は、

五逆罪者が悪を犯せる罪によって、臨終に無窮の苦悩に陥っている。その愚人に対して善知識が、種々の方便をもって、愚人の心を安んじ慰めて、阿弥陀仏の法を説いて、一心に念仏せよと教える。けれども愚人は心が

顚倒しており、念仏することが出来ない。そこで善知識は教えを転じて、この愚人にただ「南無阿弥陀仏」と称えよと告げる。かくて愚人は一心に称名を相続しつつ、「十念を具足」して南無阿弥陀仏と称する。称名するが故に、念念に無限の罪が滅せられ、往生を得る。

と捉えうるが、『観経』では下下品者の往因を、「具足十念」としながら、思想の中心は衆生の称名念仏に置かれて、本願の思想も聞名の思想も、直接的には説かれていない。ところが曇鸞はこの「下下品」の思想に、第十八願の「十念」と、この願の成就文の「聞名」の思想を重ねて、この愚人の往因を語っているからである。

まず㈢の「氷上燃火」を再度問題にしよう。ここで曇鸞は、下下品の愚人が、なぜ実の生を願いながら、十念に乗じて往生し、無生の生を得られるかを問い、それに答えて、「彼の阿弥陀如来の至極無生清浄の宝珠の名号を聞きて、之を濁心に投ぐれば、念念の中に罪滅して心静まり、即ち往生を得」と説き、「彼の下品の人、法性無生を知らずと雖も、但仏名を称する力を以て往生の意を作して、彼の土に生ぜむと願ずるに、彼の土は是無生の界なれば、見生の火、自然に滅するなり」という道理を明らかにする。「名号の功徳を聞き称名する」という「縁」が、「往生の意を作って、弥陀の浄土に生じたいと願う」という「因」を生ぜしめる。すなわち、名号を聞き称名する「縁」にふれて、往生を願う「因」が生じ、その「心」が本願の十念に乗じて往生するのだと、曇鸞は説くのである。

そしてこの説示は、第二の「第六問答」の内容と完全に一致する。なぜ十念で往生するのか。その答えが「三在釈義」であるが、この十念は、「善知識の方便安慰に依りて実相の法を聞きて生ず」る、「真実の心」を因としているからであり、その無上の信心に依止している十念は、「阿弥陀如来の方便荘厳真実清浄無量の功徳」の「名号」を縁として生じているからだとするのである。されば曇鸞における下下品者の十念往生の思想は、本願の「至心に信楽して我が国に生まれんと欲ひて乃至十念せん」[41]と、その願成就文の「其の名号を聞きて信心歓喜せんこと乃至一念せん。至心に廻向して彼の国に生まれんと願ずれば、即ち往生を得」[42]の教えを通して、まさしく導かれているといわねばならない。かくて、聞名と称名によって生ぜしめられた、ただ往生を願う一心の相続心が、曇鸞の「十念義」だと結論づけられるのである。

『浄土論註』には、二種の往生が説かれている。一は上品の菩薩の往生であり、二は下下品の愚人の往生である。いずれも阿弥陀仏の本願力に乗じて往生するのであるが、上品の菩薩の往生は、五念門行を修し、阿弥陀仏の浄土の、真実清浄の無生の生を知って、一心にその浄土に生ぜんと願じ、他の想いを雑えないで心心に相続する、一心願生の往生である。ただしこの菩薩は利他行として、普く衆生に弥陀の法を説き、その衆生と共に本願力に乗じて往生することを願っている。これに対して、下下品の愚人は、その善知識より「阿弥陀如来の方便荘厳真実清浄の功徳の名号」の法を聞き、その荘厳された浄土に往生したいと願って、一心に願生の心を相続させ、十念に乗じて往生する。前者が、五念門行による一心願生の往生であり、後者が、聞名と称名による心無他想の十念往生だといえるのである。

註

（1）大田利生『無量寿経の研究――思想とその展開――』の中でその成果が発表されている。

（2）拙論「曇鸞教義における十念の一考察」（『印度学仏教学研究』一三―一）、「往生論註の念仏思想について」（『龍谷大学論集』三八六号）、「安楽集にみられる十念の一考察」（『龍谷大学仏教文化研究所紀要』四）、「善導の十念釈義」（『真宗研究』九）。

（3）『浄土論註』は、正しくは『無量寿経優婆提舎願生偈註』、略して『往生論註』とも呼ばれるが、本論では『浄土論』との関係で、『浄土論註』と略することにしたい。

(4)『浄土真宗聖典七祖篇（原典版）』一〇九—一一二頁（以下『原典版七祖篇』と略す）。

(5)『原典版七祖篇』一四三頁。

(6)同右、一七八頁。

(7)正しくは『無量寿経優婆提舎願生偈』略して『浄土論』または『往生論』と呼ばれる。本論では『浄土論』と呼ぶ。

(8)『原典版七祖篇』四一頁。

(9)同右、一四〇頁。

(10)同右、三三頁。

(11)同右、六一—六二頁。

(12)何が故ぞ広略相入を示現するとなれば、諸仏菩薩に二種の法身有す。一には法性法身、二には方便法身なり。法性法身に由りて方便法身を生ず。方便法身に由りて法性法身を出す。此の二の法身は異にして分つべからず。一にして同ずべからず。是の故に広略相入して、統ぶるに法の名を以てす。菩薩若し広略相入を知らざれば、則ち自利利他すること能はざればなり。（『原典版七祖篇』一五九頁）。

(13)『原典版七祖篇』三六頁。

(14)曇鸞は『浄土論註』下巻「讃嘆門釈」において、衆生が称名・憶念しても、無明がなお存在して所願の満たされない者がいる理由として、衆生が「名号」の義のごとく如実に修行相応しないからだとして、それは衆生が、如来が実相身であり為物身であることを知らず、それ故に衆生の信心は、淳からず、一ならず、相続せずという三種の不相応を作るのだとする。とすると『浄土論』で説かれる「讃嘆」は、やはり天親のような菩薩でなければ、実践できない行となる。（『原典版七祖篇』一一七頁）。

(15)『原典版七祖篇』一四三頁。
(16)同右、一四三―一四四頁。
(17)「妙声功徳釈」で、曇鸞は「此云何が不思議なる。経に言はく、若し人、但彼の国土の清浄安楽なるを聞きて、剋念して生ぜむと願ずれば、亦往生を得て、則ち正定聚に入ると。此は是国土の名字、仏事を為す。安んぞ思議すべきや」(『原典版七祖篇』一三五頁)と語る。
(18)『原典版七祖篇』五―六頁。
(19)『真聖全』(一)、二五四頁。
(20)同右、六五一頁。
(21)『原典版七祖篇』五三頁。
(22)同右、五三―五四頁。
(23)同右、一七七頁。
(24)同右、一七七―一七八頁。
(25)同右、三六頁。
(26)同右、一〇四―一〇五頁。
(27)同右、一一〇頁。
(28)同右、一二頁。
(29)第七問答と第八問答が一連の問答であることは、『安楽集』を通してみればよくわかる。『安楽集』上巻「第二大門広施問答」の中で道綽は、『浄土論註』の第七問答・第八問答で説かれている「十念相続」の問題を、一つの問答の中で、一連の思想として述べているからである。(『真聖全』(一)、四〇一頁)。
(30)『原典版七祖篇』一一一頁。ただし『原典版七祖篇』では最後の文が「復何ぞ念の頭数を知るを須いることを假らむや」と表現されているが、ここでは「假」を「暇」として、読み替えた。
(31) 大田利生「浄土教における十念思想」『真宗学』九一・九二合併号。
(32) 信楽峻麿「曇鸞教学における十念の意義」『龍谷大学論集』三七一号。
(33) 『原典版七祖篇』一一一頁。
(34) 藤原凌雪『念仏思想の研究』一四〇頁。
(35) 早島・大谷『浄土論註』(仏典講座23)二二四頁。
(36) 『原典版七祖篇』一一一頁。
(37) 註(35)に同じ。
(38) 註(31)論文、二四一頁。
(39) 『真聖全』(一)、六五頁。
(40) 同右、三一〇頁。
(41) 同右、九頁。
(42) 同右、二四頁。

付篇　『略論安楽浄土義』の一考察

一　十念思想を中心として

『略論安楽浄土義』は、『浄土論註』の著者である曇鸞の作か否かについて、古来、種々問題とされてきた。けれども明治の末、敦煌から『略論安楽浄土義』が発見され、それが学界に発表されてから、曇鸞撰述説のみが有力となり、現在では一応、『略論安楽浄土義』を曇鸞の作だとする説が学界の定説となっている。私はこの定説に対して疑問を抱く。この定説を否定せんとする場合、二つの方法が考えられる。一つは、この定説をなす『略論安楽浄土義』に関するすべての論文の、論理展開の矛盾点を指摘批判し、『略論安楽浄土義』を曇鸞の作と定めることの疑問を明らかにする方法であり、他の一つは、『略論安楽浄土義』と『浄土論註』の思想内容を比較検討することによって、両者が同一人の作だとは考えられない点を端的に示す方法である。これらについて種々の視点が見いだされるが、まず後者の立場で、しかも最も顕著に両書の思想の差異を示す「十念思想」のみについて考察をなし、他の諸点に関しては「二　曇鸞撰述説をめぐりて」において考察する。

1　第五問答を中心として

『略論安楽浄土義』のなかで「十念」は、大まかにいって二箇所で論じられている。一は第五問答、他は第九問答である。まず前者から考察しよう。第五問答は、これに先立つ問答、すなわち第三問答の、三輩往生のなかで「疑惑心」を有するものは「辺地胎生」に生まれるという思想、および第四問答の、その「胎生」に生まれるものの相状の説示を受けて、次のごとき問にはじまる。「問ひて曰はく。疑惑心を以て安楽に往生するものを胎生と曰はば、云何が疑を起すや」。ここで四つの疑惑心が示され、同時にその各々の疑惑心の対治の法が論述される。この四つの疑惑心のなか、第一の疑惑心に「十念思想」が出されるのである。大要を示せば、

　第一はこのような疑である。阿弥陀仏を憶念しても必ずしも浄土に往生することはできない。経に「業道如レ秤重者先牽」とあるからである。生れてより今日まで、一日として悪を作さざりしことのなきものが、どうして、ただ十念相続するのみで、すみやかに往生をえ、正定聚に入りて、畢竟じて退せず、三塗の諸苦と永くへだてられることがありえようか。もしこの論が正しいとすれば、経にいう「先牽之義」をいかに信ずればよいのだろうか。また、曠劫より造りきた有漏の法は三界に繋属すという。どうして三界の結惑を断ぜずして、ただ少時阿弥陀仏を念ずるのみで、三界を出でられようか。もしこの義がありうるとすれば、「繋業之義」をいかに解せばよいであろうか。仏智はこの疑を対治する。この故に仏の智力を不思議智という。……だから十念念仏を疑ってはならない。

　さて、右の文中「十念」がいかように解されているかを考察すれば、「阿弥陀仏を憶念する」「十念相続する」「少時阿弥陀仏を念ずる」の三句が対をなしているということ、しかもこれらが同意語として説かれていることが認められる。すなわち『略論安楽浄土義』における「十念」は、「少時阿弥陀仏を憶念する」の意である。私はこの『略論安楽浄土義』の、仏を念ずるの意としての十念意が、『浄土論註』の十念意と甚だしく異なる点なることを指摘したいのである。

『浄土論註』の十念意に関しては既に論じたので、(1)詳論は避けたいが、『浄土論註』の「十念」には、仏を念ずるとか、仏名を称えるとかいった意は存していない。従来の学説では、『浄土論註』の十念をも「憶念」あるいは「称念」といった意に解していたが、もし、そのように解するならば『浄土論註』では解釈に困る種々の点が見いだされる。例えば『浄土論註』にみられる次の二句に注意してみよう。

「十念を具足して南無無量寿仏と称す（具㆓足十念㆒称㆓南無無量寿仏㆒）」「十念を以て阿弥陀仏を念ず（以㆓十念㆒念㆓阿弥陀仏㆒）」。従来の解釈に従って、『浄土論註』の十念を「仏名を称する」または「仏を念ずる」の意に解すると、右の二句は何と訳すればよいのだろうか。「称念」ととっても「憶念」ととっても、二句の内一句を解釈することは可能であるが、他の一句を説くことは不可能となる。だから二句に通ずる「十念意」を求めるためには、この十念を「称念」あるいは「憶念」とは別の意に解さねばならない。私の所論の結論のみを示せば、『浄土論註』の十念は「心（無他想心）の相続」の意に解さねばならぬのである。しかるに、『略論安楽浄土義』においては、先に示したごとく「十念」は「憶念」の意である。この十念の語意における相異が、両著間の顕著な相異点としてまず指摘しうる。

しかも、第五問答の思想内容を検討すれば、それが『浄土論註』の思想ときわめて異なる点が、さらに明瞭となる。従来、『略論安楽浄土義』の第五問答のこの箇所は、『浄土論註』の八番問答中の第六問答に『業道経』の同一文を引用することから、この第六問答と対比されて考察されてきた。発表されている論文に従えば、『業道経』の「業道は秤の如し、重き者を先づ牽く（業道如秤重者先牽）」の句を両者が同じような意図のもとに引用しているという点を、『略論安楽浄土義』と『浄土論註』が同一人の著であることを示す論拠としている。けれども私は、「十念思想」を中心に、両者の思想内容を窺うことによって、従来の学説に疑問を提したい。

右に示した『略論安楽浄土義』第五問答では、「疑」の内容として、第一に阿弥陀仏を憶念する行為が説かれている。すなわち『業道経』の「重き者先づ牽く（重者先牽）」の義を理由に、はたして無始以来作ってきた自分の罪業が、「十念相続」あるいは「少時の念仏」によって消えるかどうかを疑うのである。したがってこの場合、疑われている対象は「十念」および「少時念仏」ということになる。換言すれば、十念を相続しつつ、少時阿弥陀仏を念じつつ、自分が行じている念仏の行為を、はたしてこれで往生できるかどうかと疑うのである。だからこの場合、行者にとって行じている十念が「疑」の対象となっている。しかして『略論安楽浄土義』では、この十念念仏を疑ってはならぬ理由に、仏の不思議智を示し、仏不思議智の故に十念念仏往生の道理を信ぜよとする。そこでこの仏智と十念との関係を「行・信」の範疇に入れて論ずれば「十念」が「行」に「仏智」が「信」に配せられ、その「行（十念）」が疑の対象となっているのだといいうる。

そこでこれに対応すると考えられている『浄土論註』八番問答中の第六問答の思想を一瞥してみたい。この問答は、『業道経』に示す「業道は秤の如し、重き者を先づ牽く」の道理と、『観経』下下品に示す「曠劫より五逆十悪等の諸業を造りきたる衆生、臨終に十念を具せば往生を得」との思想と、はたして矛盾するかどうかを論ずるところである。これは一見、『略論安楽浄土義』の先の思想と非常に似かよった文体を示している。けれども十念思想を中心に考えてみると、ここには、行者が十念を疑うというがごとき『略論安楽浄土義』の思想は存していない。すなわち『略論安楽浄土義』の十念思想は、先に示したごとく、十念を行ずるものが十念を疑うという構造のもとに置かれているが、『浄土論註』の場合は、『観経』の十念思想が『業道経』の論理と矛盾するかどうかを問うのであるから、ここでは、十念を行ずる者が十念を疑うという主体的立場ではなくして、十念が客体的に捉えられ、十念が理論として、あるいは哲理として論じられるのである。だから『浄土論註』のこの問いは、十念をいまだ行じていない者、十念とは何であるかをいまだ知らない者の発する問いであり疑問である。一方『略論安楽浄土義』は、十念を行じている者、十念の思想内容を知っている者が十念を疑うのであるから、『業道経』の思想を中心に論じている両者の十念論は、その問題としている立場が根本的に異なることを確知せねばならない。

さて、『浄土論註』では、無始より造る悪業と、臨終の十念とが比較され、そのいずれが重いかが問われているが、この場合、曇鸞はこの両者を価値論の上において比較し、この立場で論理を展開させている。その論拠となるのが三在釈義にほかならない。いまその大綱をみるに、「悪業と十念との軽重を比較するに、今は義（価値）でもってこれをみるのであって、時節の久近（量）でもって両者を比べるのではない。まず悪業を作っている心と、十念を相続している心（在心）とを比較するに、前者は、自らの虚妄顚倒の見によって生ずるものであるに対し、後者は、実相の法を聞くによって生ずるものである。次に、両者は何を縁（在縁）として生ずるかをみるに、悪業は自らの妄想の心によって生ずるが、十念は無上の信心より、また無量功徳の名号によって生ずる。終わりに、両者はどのような心がまえ（決定）のもとに起こるものなのかをみるに、悪業は有後心・有間心より生ずるが、十念は無後心・無間心より生ずるものである。されば三者とも、一方は虚であり他方は実である。どうしてこの両者を比較することができえようか。十念の価値のすぐれていることは明らかであり、十念往生もまた当然の道理なのである」となる。この論によってもわかるように、三在釈義は十念の価値内容を示すものである。しかも一読して理解されるごとく、この「十念」は「疑」の対象となりうべきものではない。実相の法を聞くによって生ずるもの、無上の信心、名号によって生ずるもの、無後心・無間心によって生ずるものが「十念」とするならば、この十念は、本来、清浄なるもの、実なるもの、虚を含まないものでなければならないからである。それはまた、「疑」のないところに生ずるものが十念だということを意味している。

右の意が『浄土論註』の十念意だとすると、『略論安楽浄土義』のそれとは甚だ異なったものとなってくる。『浄土論註』では、疑のないところに生ずるものが「十念」であるが、『略論安楽浄土義』は、十念を行じている者がその十念を疑うのであるから、この「十念」は、疑われるべき性格、虚妄を含んでいるとしなければならない。それ故に『略論安楽浄土義』では十念の疑いを除くために、仏の不思議智がたてられ、それに対する「信」が強調されるのである。けれども『浄土論註』にはその必要は存しない。十念が生ずるというそのことが、そのまま「疑」がないことなのだからである。

そこで二書の上にみられる「十念」思想の差異の起因を窺うに、私は、「十念」に対する考え方が、両書の著者の間で根本的に異なっていることに由来すると考える。すなわち『略論安楽浄土義』では、十念が少時仏を憶念するという立場、換言すれば、念仏行という「行」思想の範疇で「十念」が捉えられている。しかるに『浄土論註』では、無他想心の相続として、言い換えれば、清浄心という「信」思想の範疇で「十念」が扱われている。「行」は本来「信」とは別のものであるから、信じつつ行じたり、また疑いつつ行ずることが可能である。『略論安楽浄土義』で十念が疑の対象となるのはかかる理由による。けれども「信」は自ずから「疑」を含まない。疑のないことが信じたすがたなのだからである。十念が「信」思想に属する『浄土論註』に、『略論安楽浄土義』のごとき十念意の認められないことは、当然のことといわねばならない。

2　第九問答を中心として

『略論安楽浄土義』において認められる「十念思想」の、もう一つの箇所である第九問答の「十念思想」はどうであろうか。これは次の問いにはじまる。「下輩生の中に十念相続して便ち往生を得といえり。いかなるをか名づけて十念相続となすや」。この問いは「十念相続」の仕方を問うのであるから、答えには二つのことがらが用意されねばならぬことになる。一は十念、ことに「念」の内容を明らかにすることであり、他は「相続」の仕方を示すことである。『略論安楽浄土義』はこれらを一つの譬えでもって説示する。「一河をまえに、人が怨賊におわれたとしよう。もし河を渡りえば、賊からの難はのがれうるものとする。この時人は河を前にいかなるおもいをなすであろうか。かならずや必死になって思案をめぐらし、種々河を渡る方法のみを念ずることであろう。いまこの人にはこの念のみがあって他の念はない。かくもっぱら河を渡る念のみあって余心を雑えざるを十念相続という。行者の心も同じであって、阿弥陀仏を念ずるに彼の人の渡を念ずるごとく念じて十念を得よ。たとえば仏の名字・光明・神力・功徳・智慧・本願などを念じて他心を間雑することなく、心心相次ぎ乃至十念するを名づけて十念相続と為す」。

さて、この文意に従って「念」の内容から検討してみよう。第六問答ですでに理解したように、この十念の「念」もまた「念ずる」の意として説かれている。そこでいかように念ずるかが、ここの中心問題となる。譬喩によれば「もっぱら一心に念ずる」ことが、いまの「念」の意となる。しかしてこの「もっぱら」は、「種々思案をめぐらせて、一心に河を渡りたいと念ずる」ことであるから、「河を渡りたいと思う」ことが「専念」であって、その「専念」のなかには、ああしようか、こうしようかという種々の思案が含まれていることになる。それ故に「余心を雑えず」とは、「河を渡りたいとの思い以外は考えない」ということであるから、この一念のなかで渡る方法を種々念じつづけることは、当然のことながら「余心」とはいいえないはずである。すなわちこの「種々の念」はそのまま「一念」のなかに含まれることになっている。行者にとっても同様だというのであるから、「他心を間雑することなく、心心相次」ということも、「もっぱら阿弥陀仏を念じ、この念以外の心を雑えるな」との意であって、「心心相次」とは、その「専念」のなかにおいて、あたかもかの人が種々思案をめぐらせて河を渡る方法を念じたごとく、あるいは仏の名号を、仏の相好を、光明を念じつづけるの意となる。だから「十念相続」とは、「もっぱら一心に阿弥陀仏を念ずるなかにおいて、種々の心が相続する」すがたを意味していることになる。これが『略論安楽浄土義』の十念意である。

そこで他方の『浄土論註』における思想を求めるに、従来の学者は、『略論安楽浄土義』のこの問答に対応する箇所として、八番問答中の第七問答をあげ、両思想が同一なることを指摘している。はたして同一かどうか、第七問答を窺いつつ考察してみよう。この問答は「幾時を名づけて一念となすや」の問いにはじまり、それを次のごとく受けている。「普通、六十刹那を一念といっているが、いまはこの時節を用いない。ここにいう念の意は、阿弥陀仏の若しは総相若しは別相を憶念し、所観の縁に随って心に他想無くして、十念相続するを名づけて十念となす。ただ名号を称す場合も同様である」。してみるとこの問答と『略論安楽浄土義』のそれとは、まず問いの部分において違いがみられる。『略論安楽浄土義』の問いは、「十念相続」の内容を問うものであるのに対し、『浄土論註』の問いは、「念の時間」すなわち十念とはいかほどの時間なるかを問うているものである。問いが違う以上、答えもまた異なるものとならねばならない。それ故に両者の文字のみの類似をもって、思想まで同一と云々した従来の説は誤っているといわねばならない。

そこで私は、『略論安楽浄土義』の第九問答を、単に第七問答のみと比較するのではなく、第七、八問答を通して、『略論安楽浄土義』の第九問答と対応させて考察したい。問題にすべき点は、『略論安楽浄土義』の「他心を間雑すること無く、心心相次ぎ乃至十念する」の意と『浄土論註』の「心に他想無くして、十念相続する」の意とが同一思想かどうかということにある。『浄土論註』の文は「所観の縁に従って心に他想無く」とある。だからこの場合、所観は何でもよいことになる。阿弥陀仏の総相でも別相でも、また名号であってもよい。とにかく観ぜられる縁に従って他想をなくし、その他想のなくなった心を相続させる。これが十念相続だというのである。しかしてここに起こる一つの疑問、「もし他縁すれば他を縁ずることによって念の多少を知ることができるが、他想なき心の相続ならば、十念の十をいかにして知るべきか」に答えるのが、第八問答の「業事成弁」の道理である。

この理を『略論安楽浄土義』の第九問答と対比させるに、『略論安楽浄土義』からはこのような思想は見いだせない。すでに論じたように、『略論安楽浄土義』の場合の「専念」は、阿弥陀仏のみを専ら念ずるの意であって、その専念のなかにおいては、種々の「所観の縁」が許されていた。しかるに『浄土論註』の「心無他想」は、「所観の縁」がただ一つであって、それによって起こる他想なき心の相続を意味するのである。

以上述べてきたように、「十念思想」を中心として両書の思想を比較してみると、同じようにみられる文体ながら、その間に明らかに異なる思想概念が見いだされる。この相違は、思想の浅深を意味するのでも、同一人内の思想の展開を示すのでもなくて、異なった時代の、「十念」に対する理解の相違によるものだと考える。十念の思想展開をみるに、この語ほど各時代によって、その語意を異にする語はめずらしい。いまその推移を時代順に略示すれば、(1)願生心を十たび発起相続するの意、(2)一心（願生心）の相続の意、(3)少時憶念するの意、(4)十声の称名の意、などとなる。両書の十念意をこれに当てはめれば、『浄土論註』は(2)に、『略論安楽浄土義』は(3)に当てはめられる。さればこの二書は、時代を異にする二人の人物がそれぞれを書いたものと断定せざるをえない。この故に私は、『略論安楽浄土義』と『浄土論註』とを同一著者の書であるという定説に疑問を抱きたいのである。

二　曇鸞撰述説をめぐりて

1　問題の方向

『略論安楽浄土義』の著者に関して、すでに数多くの論文が発表されているが、まず次の二論文に注目しよう。藤堂恭俊は、

『略論安楽浄土義』は、霊空・証真等の人々により、曇鸞の撰述でないことが論ぜられているが、この疑義は既に望月・矢吹等の先輩学匠によって解決せられている。(2)

と述べ、坂田正衛は、

この書の著者については、曇鸞とするもの、他に、羅什説（新羅の元暁等）、道綽門下説（真宗の僧僕）、甚しきは日本人偽撰説（天台の霊空）迄ある。しかるに近年この書について、燉煌出土の古写本が二本あることが招介された。即ちその一つは、大英博物館に所蔵されている所謂シュタイン本で、これは大正年間に矢吹慶輝博士によって我国に招介された。第二に龍谷大学図書館に所蔵される赤松連城勧学記念本がそれである。この燉煌古写本の出土により、霊空の日本偽撰説は霧消された。また羅什説についても既に諸先輩の云う様に、羅什の生存年代（三四四〜四一三）より『略論』に引かれてある『浄土論』の訳出年代（五二九年又は五三一年）が後であることからこの説も否定せられる。道綽門下説もこの燉煌本の発見によって否定せられる。即ちシュタイン本はその末尾に「景雲二年（七一一）三月十九日張万及写」の識語があり、それは道綽没後六十六年であ

るが、赤松本はそれよりも古く禿氏博士の鑑定によれば唐初隋末（隋滅亡六一七年）迄遡り得ると云われるから、道綽の生存年代（五六二～六四五）と一致して、同門下説も成立しない。残るは曇鸞説である。これは早く迦才の『浄土論』に云うところから信用度が高いが、更にこの燉煌出土本は二本とも『讃阿弥陀仏偈』と『略論』とが一連のものとして書写されてある。詳細は略すが、その上に『略論』の尾題が「讃阿弥陀仏偈並論」とあるから、本来が『讃偈』と『略論』とが一連の書であったことは動し難い。故に『讃偈』の作者が曇鸞であることを否定せぬ限り『略論』の非曇鸞説も成立しないことになる[3]。

という。藤堂の説は、『略論安楽浄土義』はかつて曇鸞の撰述か否かについて種々論義されたことはあったが、今日ではこの問題は解決されて、現在は、『略論安楽浄土義』は曇鸞の作だということが学界の定説となっていることを示すものであり、坂田の説は、望月、矢吹等の先学のなす定説の大綱を、一応よくまとめているように窺われる。

さて明治の末より今日までに発表されてきた『略論安楽浄土義』に関する諸論文を通覧するに、私が目を通しえた十五の論文は、あたかもこの二説を裏づけるかのように、ほとんどが曇鸞説をとっていて、反対の意を示したものはわずか二論文しか存在しなかった。その一つは伊藤義賢のものであり[4]、他は石田充之のものである[5]。しかし、このなか伊藤のものは、すでに毛利憲明によって精致なる反駁がなされていることによっても知られるように[6]、この論は、多くの矛盾点を含み、現在ではまったく顧みられていない。また石田のものは、「『略論』は文体思想内容等より、曇鸞作とするにはなお問題を残すと思われる」など、注意すべき一、二点を指摘してはいるが、その説は「西域文化研究⑴」のなかに発表されたもので、龍谷大学図書館蔵の、敦煌発掘の一巻の書『讃阿弥陀仏偈並論』の紹介が主になっている。そのため論証の展開が非常に簡略であり、現在の学界の動向に、大きな影響を与えるまでは至っていない。かくみてくると、今日、『略論安楽浄土義』が曇鸞の作だとすることに疑惑を抱く人はいないとはいえないけれど、大方は曇鸞説を支持しており、これが定説だといっても過言ではない現状である。事実、曇鸞に関して発表されている多くの論文は、『略論安楽浄土義』を曇鸞の作だと定めておいて、その上で自己の曇鸞説を展開させてさえいるほどである。

ここで私の立場を一言すれば、私は、この『略論安楽浄土義』を曇鸞の作だとする定説に対し、次の二つの理由によって疑問を抱きたいのである。一は、『略論安楽浄土義』に関する諸論文を窺うに、定説をなしている学説の論理展開に、完全性を欠くと思うが故であり、いま一つは、『略論安楽浄土義』の思想を、曇鸞の著である『浄土論註』あるいは『讃阿弥陀仏偈』の思想と比較した場合、思想内容に同一人の著とは考えられない種々の点が見いだされるが故である。そこでまず、現在の定説のいずこに不備な点が見いだされるかを論じ、しかして後に、『略論安楽浄土義』と『浄土論註』『讃阿弥陀仏偈』との思想内容の比較を試みようと思う。

2　敦煌出土の『略論安楽浄土義』を中心に

『略論安楽浄土義』が『讃阿弥陀仏偈』と一連の書として敦煌より発見されたということは、きわめて画期的なことであって、この両著の研究者に多大の示唆を与え、研究を飛躍的に発展せしめたことに、その発見の計り知れない意義があるといわねばならぬ。坂田の論旨からも十分窺われるように、今まで曖昧であったいくつかの点が、この敦煌本によって完全に解決されることになったからである。しかしながら、この敦煌本の発見が、はたして藤堂などのいうように、疑義をすべて完全に解決したことになるだろうか。学会の動向としては、藤堂の意のごとく、この敦煌本の発見が「書誌学的研究の立場よりその真撰なることが立証されるに至っている」(7)という方向を向いているようである。けれども私は、この敦煌本『略論安楽浄土義』の発見を直ちに、書誌学的に疑義が解決されたという方向に結びつけることに、まず疑問を提したい。

先にも一言したごとく、敦煌本『略論安楽浄土義』の発見に多大の価値の存することは論をまたないが、ここで重要なことは、ものそのものの価値は、価値通りに評価しなければならぬということである。どのように高い価値のあるものでも、その価値を過大評価しては、かえってその価値を損うことになる。たしかに敦煌本は価値のある書である。けれど、もしこの書を価値以上に扱うなら、この書の価値を認めないのと同じ誤りを犯すことになってしまう。敦煌本の発見をもって直ちに書誌学的に『略論安楽浄土義』著者の疑問が解決されたとみるがごとき、それはこの書の発見を価値以上に評価していることになりはしないだろうか。『略論安楽浄土義』が曇鸞の書として書誌学的に解決されるということは、曇鸞の筆跡本が発見されて、はじめていいうることで、そうでない限りは何らかの疑問が残るといわねばならない。敦煌本はもちろん曇鸞の自筆本ではない。だから敦煌本の発見が直ちに『略論安楽浄土義』の著者を決定づけるものになるのではなく、この書の発見価値には限界があるといわねばならぬ。この限界がどこにあるか、どこにその一線が引かれるかということを、まず明確にしておかねばならないのである。しかるに、現在の定説ではこの基本線が明確に引かれていない。このために、敦煌本の発見があたかも曇鸞の真筆本でも発見したかのごとき錯覚を、読者に与えるような危険性を、現在の定説は含有しているのである。

そこで私は敦煌本の意味する限界を明らかにしておきたいと思う。龍谷大学図書館蔵の赤松本を中心に、敦煌本の注意すべき諸点を列挙すれば次のごとくになる。

一、この古写本は、『讃阿弥陀仏偈』と『略論安楽浄土義』が一巻のなかにおさまっている。

二、『讃阿弥陀仏偈』の前半は破損しており、みることはできないが、『略論安楽浄土義』は全文が完全な形で残っている。

三、この書のはじめが欠けているために、書のはじめにあるべき題号および著者を、この書より知ることはできない。

四、『讃阿弥陀仏偈』は現行流布本等に示す「南無至心」「願共諸衆生」等の礼文を欠き、ややその文体を現行流布本と異にしている。

五、『讃阿弥陀仏偈』の終わりは「讃有二百九十五行、礼有五十一拝竟」となっており、行が変えられて、すぐ『略論安楽浄土義』が書写されている。

六、『略論安楽浄土義』は『略論安楽土義』という首題にはじまり「讃阿弥陀仏偈並論上巻」という尾題で結ばれている。

七、『略論安楽浄土義』と『讃阿弥陀仏偈』は同一人の筆である。

八、このことより両著は一連のものとして書かれていることは動かしえない。

九、この古写本は、尾題の奥の識語を持たないが、書体紙質等より、隋末または唐初のものと推定されている。

十、そこでこの書写の年代を一応隋滅に置いてみると、隋滅が六一七年であり、曇鸞没が五四二年であるから、この間、約七十五年の開きがある。

ほぼ以上の諸点が考えられる。これらの諸点をもととして、先に掲げた坂田の論が導き出されたわけであるが、はたしてそのような結論になりうるかどうか、考察してみたい。ここでまず問題となるのは、『略論安楽浄土義』

と『讃阿弥陀仏偈』が一連の書だということであろう。坂田等の論によれば、この一連の書ということを理由に、『讃阿弥陀仏偈』の作者が曇鸞であることを否定せぬ限り『略論安楽浄土義』の非曇鸞説も成立しないとの論をたてているが、私はこの論が成立するためには一つの前提がなければならないと思う。それは「一連の書はすべて同一人の書である」という前提である。けれども、このような前提は成り立たない。同一著のなかにおいてさえ、たまたま他筆の混入のみられることがあるのだから、一連書必ずしも同一人の著といいえないことは明らかなことである。しかも今の場合、『略論安楽浄土義』の非曇鸞説を主張する者は、曇鸞には、『浄土論註』『讃阿弥陀仏偈』『略論安楽浄土義』の三部の著があり、しかもそのなか、『讃阿弥陀仏偈』と『略論安楽浄土義』とは一連の書だという通説を知っており、ことに『略論安楽浄土義』は、その思想内容からみて、(8)『讃阿弥陀仏偈』を意識していることは明らかな事実であり、『讃阿弥陀仏偈』と『略論安楽浄土義』とは、非常に密接な関係のある書ということは動かしえぬということを知った上で、なお、『略論安楽浄土義』の著者に疑いを抱く者なのである。だからこのような者に対しては、まず、この一連の書がなぜ、同一人の著でなければならぬかという必然性を論証しなければならない。だがこれを試みないで、ただ単に一連の書であるということのみを論拠とするのでは、それは論証の態をなしていないといわねばならないのである。

次に書写年代が隋滅にあたるということを理由に、曇鸞撰述説を主張する論であるが、この論理のたて方にも、私は誤りのあることを指摘したい。坂田の説に従えば『略論安楽浄土義』の著者に関して古来四つの異説が存するが、曇鸞説以外の三説はすべて不当であるという理由から曇鸞説を取っている。もし『略論安楽浄土義』の著者を考える場合、この四説以外は考えられないとするのであれば、坂田の説に異議をはさむ余地はない。けれども、この四説以外に、なお種々の説をたてることは可能であり、事実、他説を主張している学者もいるのであるから、(9)ただ四説のみでもって論理をたてるのは、あまりに単純すぎるというべきであろう。現在の学説では、敦煌本を理由に他の三説を一笑にふしているが、私はむしろ敦煌本という貴重な資料を得た場合、明らかに誤っているこれらの諸説をただ単に、一笑にふしてしまうのではなく、何故にそのような誤った説が生まれてきたかという、その根拠をたずねることこそ必要なことではないかと思う。そこでもう一度、従来の四説の検討を試みることにしたい。

まず「羅什説」と「曇鸞説」とを考えてみよう。羅什説の非なることは、坂田の論において明らかである。けれども坂田のいう「残るは曇鸞説である。これは早く迦才の『浄土論』に云うところから信用度が高い」といういい方には疑問が残る。曇鸞説を主張する学者は、迦才の説を非常に高くかっているが、私は羅什説を示す最古の文献が、元暁の『両巻無量寿経宗要』[10]なることにも、同等の注意を払うべきだと思う。迦才の生存年代は不明であるが、ほぼ善導と同時代だといわれている。元暁は西暦六一七～六八六年の生存であり、善導は六一三～六八一年の人であるから、いわばこの三人はほぼ同時代の人々だということになる。とするならば、迦才の説は信頼度が高く、元暁の説は信頼度が低いということは、一概にいいえないのではないかと思う。ことに藤原凌雪が紹介している良忍手沢本の『讃阿弥陀仏偈』および『略論安楽浄土義』によれば[11]、『讃阿弥陀仏偈』の首部が「讃阿弥陀仏偈並論羅什法師作」となっているという。これは、平安時代の古写本（一一〇〇）で、敦煌出土本と同系統のものだといわれているが、この首部に著者名を「羅什」としていることに注意したいのである。すなわちここに羅什の名が出されるということは、当時、この一連の書が羅什作だと広くいい伝えられていたことを意味している。とするならば、このことから次のような結論を導きえないであろうか。迦才が曇鸞説を、元暁が羅什説を取っているのは、迦才の説に信頼度があり、元暁の説には信頼度がないということを意味するのではなくて、彼等が活躍していたと考えられる頃、すなわち曇鸞滅後約百年ほどしか隔てていない頃に、すでに『略論安楽浄土義』の著者に関して、異なる二説が存していたことを意味するということである。この『略論安楽浄土義』が撰述されたと考えられる頃から、あまり時を隔てていない時に、異説の存したということは、『略論安楽浄土義』という書物は、本来、著者が不明瞭であったことを意味し、著者の不明瞭なことが、この書の成立後まもなく異説を生むに至ったのだと考えられる。不明の著に著者名を付する場合、往往にして過去の権威ある人の名がかりられる。ここに「羅什」あるいは「曇鸞」という異説を生ぜしめた原因が潜んでいると考えられる。されば羅什説に信頼度がないと同様に、曇鸞説もまた、一応疑ってしかるべきではないかといいたいのである。

次に「道綽門下説」および「日本人偽撰説」の意味するところを窺ってみよう。すでに示されているように、これらの説の誤れることは明らかであるが、ではなぜこのような誤謬が犯されたのか。これらの二説は、いずれも思想内容の面より非曇鸞説を主張している点に注目すべきである。これは『略論安楽浄土義』には、見方によって曇鸞の思想と相入れない面が見いだされることを意味しているのではないか。すなわちこれらの二説をみる場合、「道綽門下」あるいは「日本人偽撰」ということに意味の重点を置かないで、これらの二説は、『略論安楽浄土義』を曇鸞の著である『浄土論註』と比較した場合、同一人の著だとは考えられぬ面の存していることを指摘しているのだというように受け取れば、これらの二説もまた、一笑にふせられるべきではなくて、新たな角度から再考してみるべきものとなるであろう。

以上の論述から、次のようなことがいいうる。敦煌出土の『略論安楽浄土義』の発見は、『略論安楽浄土義』の研究に多大の貢献をなしているけれども、この資料のみでは、『略論安楽浄土義』が曇鸞の作だと決定づけることはできない。また『略論安楽浄土義』に関しての従来の諸説は、そのなかの曇鸞説のみに信頼度があるのではなくて、諸説とも新たな角度から考察し直す必要がある。ここに、『略論安楽浄土義』の著者に関しての現在の定説に、種々の不備が見いだされ、再考を要することとなる。

3　敦煌本『略論安楽浄土義』の資料価値

私は先に、資料の評価は、そのものの価値のごとく評価せねばならぬと論じた。前項において敦煌出土の『略論安楽浄土義』は、直接、その書の著者を決定づけるだけの価値を有していないことを指摘した。ではこの書の資料価値はいずこにあるだろうか。私は、「敦煌本」が有する最大の資料価値は、『略論安楽浄土義』成立の、実年代の最下限を示しているところにあると思う。龍谷大学図書館蔵の赤松本は、隋末あるいは唐初のものといわれているから、一応隋滅の年代を取って、六一七年という数字をあてておこう。されば『略論安楽浄土義』の成立はこれ以前ということになる。また『略論安楽浄土義』は『讃阿弥陀仏偈』を意識しているから、『讃阿弥陀仏偈』成立以後の作となる。『讃阿弥陀仏偈』は一応曇鸞の著と考えられるから、このことより『略論安楽浄土義』は、曇鸞の晩年以後、隋滅までの約七、八十年間に成立していると考えられることになる。それ故にわれわれは『略論安楽浄土義』の著者を考察する場合、この約八十年間の仏教事情にのみ注意を集中すればよい。この八十年という期間は、仏教史全体を通してみた場合、ごくわずかな期間でしかないので、従来はともすれば無視されがちであったが、私はこの八十年の開きというものをもっと重視すべきだと思う。すなわち敦煌本『略論安楽浄土義』の発見を、直接曇鸞に結びつけるのではなく、この書の書誌学的価値の限界を明確にしておいた上で、『略論安楽浄土義』の思想内容を、この八十年間の中国仏教思想史の流れのなかに置いて考察すべきだと考えるのである。

中国仏教思想の流れのなかで、この八十年間の時期を窺うに、この時期はちょうど、南北朝時代から隋朝時代に至る間に置かれている。周知のごとくこの両時期は、仏教思想の展開に顕著な特徴をそれぞれ有する時代である。

例えば『浄土論註』より約百年ほど後の作と考えられる道綽の『安楽集』を窺うに、明らかに隋朝仏教の思想影響が見いだされて、[12]『浄土論註』との時代の差異を明確に示している。そこで私は『浄土論註』と『略論安楽浄土義』との思想の間に、かかる時代の差異がみられないかどうかを検討してみるべきだと思うのである。もしも『略論安楽浄土義』の上に、隋朝仏教の思想影響が見いだされるとすれば、曇鸞説の可能性はきわめてあやしいものとなるからである。

ではどのような点に、両時代の差異を求めるべきであろうか。横超慧日は、『中国仏教の研究』のなかで、南朝仏教と北朝仏教との特徴を比較し、南朝仏教は外国の法師がきわめてまれにしか来なかったので、翻訳された仏教思想はすべて中国思想でしか捉えられず、そのため、この朝の仏教思想は、中国人独自の意義を加えて、教学面、講経談義面を著しく発達せしめた。一方北朝仏教は、外国法師との個人的接触が盛んであったため、この朝の仏教は、インド仏教思想の影響が強く、行学面、実践面が尊ばれたので、機の自覚が大いになされたと論じている。[13]この北朝仏教の特徴をきわめて顕著に示しているのが『浄土論註』だと考えられるが、このような特徴が『略論安楽浄土義』にもみられるかどうかというのが第一の問題点である。第二の問題点は、隋仏教の思想面よりみた立場である。この時代は、いわゆる中国仏教として中国独自の仏教思想が打ち出されてくるのであるが、同時に各学派が勃興し、学派間の論評が盛んになってくる時代でもある。『浄土論註』にはもちろん、かかる思想影響を見いだしえないが、はたして『略論安楽浄土義』にもまた、その影響がみられないかという点である。

この場合、私は『略論安楽浄土義』の次の四点に問題の焦点を合せてみたく思う。第一は「十念思想」についてである。この思想には、インドと中国において、その意味の取り方に明らかな差異が見いだされる。『浄土論註』はインド思想の影響を強く受けているが、少し後の『安楽集』には、すでに中国思想の影響がみられ、十念の語は中国的にしか考えられていない[14]。そこで『略論安楽浄土義』の十念思想が、そのいずれに属するかという点である（ただし、この点については「一　十念思想を中心として」ですでに論考しているので、ここでは省略する）。第二に『略論安楽浄土義』第一問答の「三界勝過」の思想についてである。これは『浄土論註』にも示されている思想だが、この両者の筆格が同じかどうかを、「学派間の論諍」ということを考慮しつつ考察してみたいのである。第三は、『略論安楽浄土義』第三問答の三輩段の思想についてである。これは往生の行を論ずるところだから、これが曇鸞の筆格に合うかどうかを検討してみるのである。しかして最後に、以上の諸点を考慮しつつ、『浄土論註』と『略論安楽浄土義』との思想あるいは文体全般にわたって考察を重ねてみたいと思う。

これらの諸点については、従来の研究でもすでに注意されているところであるが、従来ともすれば、これらの諸点を比較する場合、文字の対応や同一引用文の有無などの研究にのみ論考の重点が置かれ、両著間に同一文字の使用がどれだけ多く、同一経典の引用が何箇所あるということなどを理由に、これを『略論安楽浄土義』の曇鸞撰述説の論拠としてきている。ところが、それらの文字の対比に詳細な検討がなされている割に、これらの文字や引用文が、文全体のなかでいかなる思想を示そうとしているかという、論理面に関してはあまり注意が払われていない[15]。そこに研究方法として重大な欠陥がある。文字や引用文の一致などということは、必ずしも同一人でなければできないことではない。学の系統が同じであったり、師弟などであれば、それは容易に起こりうることである。だから、われわれが細心の注意を払うべきは、その点にあるのではなくて、同じ文字、あるいは同じ経典の引用の用いられている両著の思想が、はたして同じであるかどうかの考察にあるべきなのである。思想の表現法、筆格というものは各人独自の味を持つものであり、文の性格は一生を通じてなかなか変りにくいものである。主観的にものを考える人、客観的にものをみる人、哲学的な文の表現を好む人、文学的写実を得意とする人、等これら各人によって文章の味が種々変ってくるのだが、この相異は、文全体を通して考えねば把握しえない。この故に私は、以下において『浄土論註』と『略論安楽浄土義』の、文字や引文の対比に考察の重点を置くのではなくて、それらの文字や引文を使って、両者が表現しようとしている「思想」の考察に重点を置こうと思う。そして、とくに両者の思想に相異点が、はたしてないかということに注意を払ってゆきたい。一箇所でも、同一人とは考えられない矛盾点が見いだされるならば、どんなに類似点がみられても、『略論安楽浄土義』の曇鸞説は疑わなければならないからである。

4　『浄土論註』『讃阿弥陀仏偈』と『略論安楽浄土義』の思想

まず第一問答の思想について考えることにしよう。これは、浄土は三界（欲界・色界・無色界）のなかのいずれの界に属するかを問うものである。かかる問いが『略論安楽浄土義』の最初に問われたということは、何を意味するのであろうか。『略論安楽浄土義』製作の当時、浄土が三界に摂せられているという思想が存在し、それに対して浄土教徒が解答を迫られたことを物語っているのではなかろうか。ことにその問題が浄土教徒にとって重要であったればこそ、この問答が第一に扱われたのだと考えられる。さればかかる問題が生ずるのは、学派勃興以後と考えるのが妥当となる。すなわち、慧遠・智顗・吉蔵等が、弥陀の浄土は凡夫の生ずべきところであるから、三界内に摂せられていなければならないとしたが(16)、かかる思想の影響が『略論安楽浄土義』にみられると考えたいのである。この影響説は、伊藤義賢も指摘しているところであるが(17)、この説に対しては毛利憲明がするどく反論を試みている(18)。私は伊藤の論の展開に賛同するものではないから、毛利の説は、私の説に対して直接の反論とはなりえないが、毛利の次の批判には答えておく必要があると思う。すなわち『略論安楽浄土義』の「三界不摂」の問題を吉蔵以後のものとするならば、『浄土論註』にみられるこの種の思想はどうなるのか。『浄土論註』にも「三界不摂」を論じているから、もしかかる論をたてれば、『浄土論註』もまた吉蔵以後の作となるのではないかという反論である。

ここで問題とすべきは、『浄土論註』と『略論安楽浄土義』との「三界不摂」に関しての筆格についてである。この場合、従来の学説は『略論安楽浄土義』の答えの部分に注意し、その引用文を『浄土論註』の文と照合して、両者の一致していることの論拠としているが、私は重要なのは問いの部分にあると考える。弥陀の浄土が三界に勝過しているという思想は、インド古来の思想である。この思想を自分がいかに受け入れるか、あるいは、その思想にどのような関心を持っているかということは、問いによって決まることだからである。そこで問いの意を的確につかみ、そのような意がはたして『浄土論註』に見いだされるかを求めてみよう。『浄土論註』を一読すれば理解されるように、ここには『略論安楽浄土義』の第一問を予想させるような箇所はない。そこで『浄土論註』の浄土と三界との関係を論じている箇所に注意を向けると、次のような箇所が指摘できそうる。(一)「彼の世界の相を観ずるに三界の道に勝過せり」の釈下[19]、(二)「正道の大慈悲は出世の善根より生ず」との釈下[20]、(三)「梵声の悟深遠にして微妙なり十方に聞こゆ」の釈下[21]、(四)「荘厳性功徳成就とは、偈に正道大慈悲出世善根生と言まへるが故にと」の釈下[22]などがそれである。これらのなかで曇鸞は、浄土が三界の道に勝過する理由をいずこに置いているかをみるに、諸文すべてが例外なく、衆生の世界有漏なるが故に、浄土は無漏でなければならぬという論理をたてている。すなわちこの三界はすべて有漏邪道の所生なるが故に、弥陀の大慈悲は三界勝過の無漏の土を建立されているのだとするのである。されば、もし『浄土論註』に『略論安楽浄土義』の問いに類似した問いがあるとするならば、浄土はなぜ、三界の道を勝過しているかという問いでなければならない。『略論安楽浄土義』の問いは他に対しての問いであるが、『浄土論註』の問いは自己に向かっての問いなのである。ここに両者の根本的な差異が見いだされる。かくみれば、『浄土論註』には他との論諍の意図は見いだしえないが、『略論安楽浄土義』は明らかに他を意識しているところが窺われる。ここに両者の時代の差異が見いだされるわけだが、さらに、これを説明する筆致からしても明らかな相異が感ぜられる。『浄土論註』の求道思索的な文は、『略論安楽浄土義』には見いだしえないからである。

次に第三問答について考えてみよう。これは『無量寿経』の三輩段を論ずる項であるが、私はここにも、『浄土論註』あるいは『讃阿弥陀仏偈』と『略論安楽浄土義』との間に、大きな思想の差異をみいだす。[23]その最大の原因は、『略論安楽浄土義』撰者の三輩段、なかんずく下輩段の意味の取り方にある。すなわち『略論安楽浄土義』の撰者は、『無量寿経』の三輩を述べるにあたって、異訳の〈無量寿経〉、すなわち『大阿弥陀経』あるいは『平等覚経』の三輩の意を依用する。けれどもその依用箇所が『無量寿経』の元意と矛盾する箇所を、この下輩段の釈にあてているのである。〈無量寿経〉諸異本の住生行の展開、あるいは三輩思想の推移を考察すれば容易に理解されるように、『大阿弥陀経』等の下輩段意と『無量寿経』等の下輩段意とでは、その思想内容に大きな差異が存している。両者間の「信」の理解の仕方に、根本的な違いがあるからで、『大阿弥陀経』等の信思想を根本的に深め、信に絶対的意義を持たしているのが『無量寿経』の信思想なのである。すなわち『大阿弥陀経』の下輩段は、衆生の往因を次のように説く。

阿弥陀仏国に生じようと願うものは、愛欲等を断ち、経を得て慈心精進し、斎戒清浄にして一心に往生を願じ、少くとも昼夜十日断絶してはいけない。この行中もし不信をいだくものは、寿終る時、弥陀の辺地にしか生ずることはできない。[24]

この意をみるに、信はこのなかで非常に重要な義を有しているが、この「信」に直接往因の義があるのではなくて、往因の義は「行」に課せられている。だから信は、この住因行を行ぜしめるために強調されているのであって、いわば補助的な意義しか存していない。一方『無量寿経』の往因思想を窺うに、「至心に信楽して、我が国に生まれんと欲ひて、乃至十念せん、（至心信楽欲生我国乃至十念）[25]」「其の名号を聞きて、信心歓喜せんこと、乃至一念せん（聞其名号、信心歓喜、乃至一念）[26]」「若し深法を聞きて、歓喜信楽して疑惑を生ぜず（若聞深法、歓喜信楽不生疑惑）[27]」等の文意によっても明らかに知られるごとく、ここでは「信」そのものに絶対の価値が有せられている。すなわち「信ずる」ということが「即往生する」ということなのであって、信がそのまま往因となっているのである。だから前著の「信」とは大いにその意を異にしており、『無量寿経』の往因思想のなかに『大阿弥陀経』の疑惑心云々の項がはぶかれているのは当然のことであって、両者の信は、本来同時に論ぜられるべき性格を有していないといわねばならないのである。

第一節の『略論安楽浄土義』の十念思想で明らかにしたように、『浄土論註』はきわめて『無量寿経』の意に忠実に凡夫の往因思想を論述している。それは『讃阿弥陀仏偈』においても同じだといえるから、この両著に『略論安楽浄土義』が示すような下輩段意を記述しないことは自明の理といわねばならない。けれども『略論安楽浄土義』はそうではない。『略論安楽浄土義』の著者は、中国的思惟でもって『無量寿経』の十念思想を解しているが、かかる理解の仕方が、下輩の解釈に『略論安楽浄土義』独自の思想を生むに至らしめたのだと考えられる。この故に、この面からみても『浄土論註』および『讃阿弥陀仏偈』と『略論安楽浄土義』との間に、思惟の差異あるいは時代の相異が明らかにみられるのである。

さて最後に、かかる点を考慮しつつ、『浄土論註』と『略論安楽浄土義』の文体より感受されうる筆格を窺う時、次のような相異が見いだされる。『浄土論註』の文は、主観的であり思索的であって、論理の展開に非常に深い義が宿されているために、きわめて難解な文意が多々存在する。けれどもそのなかで、自己の信仰告白がしばしば赤裸々に述べられているために、強い迫力のある求道書としての感銘をわれわれに与える。だが一方『略論安楽浄土義』からは、かかる迫力ある筆致は期待できない。文全体が概して説明的であり、客観的表現法を取っている。著者自身の内面的表白もここからは見いだしえない。かくみると、これら両著は、自ずから別人の著と考える方が妥当となるのではなかろうか。

以上、種々の角度から『略論安楽浄土義』が曇鸞の撰述とは考えられない点を指摘してきた。この故に私は、曇鸞非撰述説を取りたい。ただ石田充之も指摘しているように[28]、この書は『讃阿弥陀仏偈』に関連して著されたことは否定できない。『略論安楽浄土義』撰者が最初から『讃阿弥陀仏偈』と一連のものとして書き記したか否かは不明としても、少なくとも唐初には、敦煌出土のごとき一巻の書『讃阿弥陀仏偈並論』が存していたのは事実である。私は『略論安楽浄土義』の成立を内容よりみて曇鸞没後に置き、敦煌本より推測して、『安楽集』よりも以前に求めたく思う。

註

(1) 本書、七三―一〇二頁。
(2) 藤堂恭俊『無量寿経論註の研究』八頁。
(3) 坂田正衛「略論安楽土義について」『印度学仏教学研究』七―二、一四八頁。
(4) 伊藤義賢『支那仏教正史上巻』七七二頁以下。
(5) 石田充之『西域文化研究（一）敦煌仏教資料』二〇六、七頁。
(6) 毛利憲明「略論作者の研究四」『真宗研究』一七、二九頁以下。
(7) 浅野教信「略論安楽浄土義における教義の一考察」『真宗学』二七・二八合併号、一五一頁。

(8)『略論安楽浄土義』にみられる「讃を尋ねて知る」および「今傍へて無量寿経に依り」の文を指す。『真聖全』(一)、三六七・三六九頁。
(9) 伊藤義賢・石田充之等の説あり。
(10)『浄土宗全書』五、八四頁。
(11) 藤原凌雪「略論に関する一考察」『真宗学』一三・一四合併号、一四九頁以下。
(12) 別時意説その他、『真聖全』(一)、三九八頁など。
(13) 横超慧日『中国仏教の研究』二五六頁以下参照。
(14) 拙稿「安楽集にみられる十念の一考察」『龍谷大学仏教文化研究所紀要』四、一〇四頁以下
(15) 毛利憲明「略論作者の研究五」『真宗研究』一八、一頁以下。八木昊恵「略論安楽浄土義研究概略」『宗学院論輯』三四、一九五頁以下。
(16) 望月信亨『支那浄土教理史』八九頁以下参照。
(17) 伊藤義賢『支那仏教正史』上巻、七七二頁以下。
(18) 毛利憲明「略論作者の研究」四、『真宗研究』一七、二九頁以下。
(19)『真聖全』(一)、二八五頁。
(20) 同右、二八七頁。
(21) 同右、二九三頁。
(22) 同右、三一九頁。
(23) 浅野教信は『略論安楽浄土義』の三輩段の説をむしろ曇鸞撰述の論拠としてあげている。(『真宗学』二七・二八合併号、一五六頁以下)けれどもかかる立場で論証しようとすれば、論理が非常に煩瑣になるのではないかと思う。
(24)『真聖全』(一)、一六三・一六四頁。

(25) 同右、九頁。
(26) 同右、二四頁。
(27) 同右、二五頁。
(28) 石田充之『西域文化研究（一）敦煌仏教資料』二〇七頁。

三、道綽の十念思想

はじめに

浄土教徒が求めている根源の問題は、「浄土に生まれて仏になる」の一言に尽きる。

この安楽集一部のうちに、総じて十二の大門あり。みな経論を引きて証明して、信を勧め往くことを求めしむ。(1)『安楽集』冒頭の文であるが、道綽がこの書で明らかにしようとしていることは、ただ一つ、「勧信求往」で貫かれている。それは真実浄土に生まれたいと願う心を生起せしめることで、この「願生心」の思想こそが、純正浄土教の根本問題だといわねばならない。『無量寿経』の第十八願に誓われる「至心信楽欲生我国乃至十念(2)」の往因思想は、まさにその「願生心」の求めであって、釈尊によって聞かしめられる、阿弥陀仏の名号の功徳と浄土の真実相を、心から歓喜信楽して、自ずから湧き起こる、その浄土に生まれたいとの願いの相続が、浄土に生まれる根本因とされているのである。

『浄土論』の冒頭もまた、「世尊、我一心に尽十方無碍光如来に帰命したてまつりて、安楽国に生ぜんと願ず(3)」という言葉にはじまる。天親もやはり、一心に浄土を願生し、五念門行を修して、一切の衆生と共に、浄土に往生しているのである。曇鸞は天親の『浄土論』を註釈する。天親の教えを受け、曇鸞自身も浄土を願生し、往生を願ったのである。ただし曇鸞は五念門行を完全には修していない。五念門行は菩薩の往生行であって、凡夫には実践不可能な行だからである。では曇鸞にとっての往生行とは何であったのか。天親は『浄土論』で、一切の衆生と共に、浄土に往生することを願われているが、(4)曇鸞はその衆生の往生行とは何かを『浄土論註』上巻末の「八番問答」(5)で問われたのである。

ここで曇鸞は、『無量寿経』の第十八願の教えを承ける。阿弥陀仏は一切衆生に、阿弥陀仏の名号と浄土の真実を聞信し、浄土に生ぜんと願じ、本願に乗じて往生せよ、と誓われている。それ故に曇鸞は、天親の『浄土論』の教えを通して、浄土の真実と阿弥陀仏の名号の功徳を信じて、一心に願生し、「十念往生」したのである。この曇鸞の教えを道綽が受けたのである。

道綽（五六二～六四五）の伝は、一般的に『続高僧伝』等によって、「十四歳で出家。『涅槃経』を学び、戒律と禅定を実践するも、四十八歳の時、曇鸞の碑文に出会い、浄土教に帰依する。帰浄後は、『観経』を講ずること二百返におよぶ」と記されている。(6)それだけに、道綽に対する曇鸞の影響力は強く、『安楽集』冒頭の「勧信求往」の言葉そのものが、曇鸞の「十念往生」の思想の影響を強く受けている。曇鸞の『浄土論註』は、『浄土論』の註釈書である。この著の中心思想は「五念門行」である。したがって、曇鸞が『浄土論註』で心血を注いだのは、菩薩の五念門行の解釈なのであって、この書の大半は、この行の解釈でしめられている。だが『安楽集』は、その五念門行の思想をほとんど引用しない。しかも『安楽集』の最も重要箇所だと目される、往因思想に関しては、そのすべてを曇鸞の「十念」の思想を受けるのである。『浄土論註』には、五念門行による往生と十念による往生の、二つの往生思想が存在していたが、『安楽集』の思想の特徴は、そのなかの「十念」の思想のみを継承している点だといえる。

その意味で『安楽集』の往因思想はまさに一貫しているのであるが、一般的には、この書の思想は、そのようには受け取られていない。例えば、善導の同時代の先輩と考えられている、迦才の『浄土論』には、

近代綽禅師有り。安楽集一巻を撰す。広く衆経を引き、ほぼ道理を申ぶと雖も、その文義参雑、章品混淆、後のこれを読む者、また躊躇して未だ決せず。(7)

と述べ、多くの思想が入り乱れているので、思想に要を得ないとされるのである。このことは今日の『安楽集』の研究についてもいえるのであって、ことに往因行の念仏義は、焦点がつかめず、「念観合論」といった表現でぼかされてしまっている。はたしてこのような捉え方が、道綽の真意に適っているかどうか。曇鸞から道綽へという教理史的観点から、「十念思想」を中心に、道綽の往因思想を、問い直してみたく思うのである。

一 「念観合論」説について

道綽の念仏思想の特徴を、問われれば、即座に、ただ一言で「念観合論」と答えられるのではなかろうか。近年出版された『浄土真宗聖典七祖篇(原典版)』の『安楽集』の解説によれば、道綽の思想を概観して、単なる学解的理解にとどまらない、実際的な出離解脱の焦眉の急とする熱烈な求道心から、釈尊滅後既に千五百年以上をへて末法時代に入った今という時代に、輪廻無窮なる自身が出離解脱し得る時機相応の法たる念仏三昧による往生浄土を勧めるものであった。しかし、その念仏三昧は、後の善導が念仏三昧・観仏三昧の区別を明らかにして念観廃立されたものと比較すると、一般に念観合論といわれるように、観仏三昧との区別はそれほど明瞭ではない。道綽禅師が力を注いだのは、聖道門と浄土門を分判しつつ、浄土門が大乗仏教の基本理

念からはずれるものではないことの論証であり…（8）

と述べている。すなわち道綽の念仏思想の特徴は、念仏三昧によって往生を求めたが、その念仏三昧は善導のように観仏三昧と明確に分離されていない点で、そのために道綽の念仏は「念観合論」と呼ばれるのである。それは、道綽は聖道門から浄土門を分離判別しようとしたのであるが、いまだ時機尚早であったため、「称名念仏一行」という往生論は確立しえなかった。そこで大乗仏教一般の思想と矛盾しない、称名念仏と観念念仏を共に往生行と論ぜられたとするのである。だがこのような念仏観は、まさに法然以後の日本浄土教の特殊な念仏思想であって、このような見方は中国浄土教では成り立たない。いわゆる、「念観合論」でない念仏思想など、存在しないからで、それは善導思想においてもいえることで、「念仏」の語の中には、称念の意も観念の意も、同時に含まれている。またこの解説では、「念仏三昧」を称名念仏と受け取っているようであるが、はたして『安楽集』の念仏三昧にそのような意味があるのかどうか。これなども江戸時代の宗学の方法論がそのまま用いられているというべく、教理史的解釈学的な見方が成り立っていない。従来、『安楽集』の念仏思想は、どのように考えられてきたのであろうか。山本仏骨の『道綽教学の研究』に、その諸説がよくまとめられているので、それを参考にすれば、次のように分類できる。（9）

一、観仏念仏を上下両根に約し、共に兼正を見る。
二、観仏念仏は同意語であって、共に相即する。
三、観仏は所廃に属し、念仏は所立に属して自ずから廃立の意が見られる。
四、観仏三昧為宗と云う中に、念仏三昧を含め要弘奄含と見る。

五、観仏為宗と云うものは自ずから要弘に通ずる。限って要門とするも尽くさず、限って弘願とするも過ぎている。

六、観仏為宗と標したのは『観経』の顕宗に依り、釈に念仏三昧を示したのは『観経』の終帰に約す。即ち初に観仏為宗と示したのは准通の為で、中に『観仏三昧経』に依って念仏三昧を明したのは立別である。

各々の説を補足すれば、一、『安楽集』には、観仏と念仏が共に説かれているが、観仏は上品の者の正行であり、念仏は下品の者の正行だとしながら、両者は共に兼て、上品者も念仏を、下品者も観仏を行じているとする。二、『安楽集』では、観仏といっても念仏といっても、意味は同じであって、観仏三昧に称名念仏の意が、同じく念仏三昧に観念念仏の意が含まれていると見る。三、『安楽集』に往生行として、観仏と念仏の両方が説かれていても、そこには自ずから、観仏が廃され、念仏を立てるという筆勢が見られる。四、道綽は、『観経』の教義の中心を観仏三昧と捉えるが、そこには念仏三昧の意をも含め、この三昧には、要門と弘願の両義が含まれているとする。これは第二説と似ているが、第二説は、観称ともに弘願の上で相即を語る。それに対してこの説は、『安楽集』の観仏三昧（念仏三昧）に、要門・弘願の意を共にみるところに特色がある。五、『観経』の根本思想を「観仏為宗」と捉える場合、観仏三昧は要門と弘願に通じるが、念仏三昧は弘願に限るとするのである。六、道綽は『観経』を「観仏為宗」と、観仏三昧を説く経と述べるが、それは仏教一般の思想に通ぜしめるためで、そのように語りながら、しかも『観仏三昧経』によって、末法の凡夫は念仏三昧だと教えたのは、浄土教独自の念仏をここに示したのだと窺える。

『安楽集』にみる念仏思想の、江戸時代の諸説は、ほぼこのようにまとめられる。ところでこれらの説は、いずれも例外なく、『安楽集』に説かれる念仏を、観念念仏と称名念仏の関係という観点のみから問うている。このような問題意識においては、結局、次のような三つの問いしか成り立たない。すなわち、道綽は念仏三昧と観仏三昧を、⑴同意語としてみていたか、⑵念仏を称念、観仏を観念とその意味を分けつつ、この両念仏が混然と説かれているとみるか、⑶二種の三昧を認めながら、しかも、称名念仏を立て、観念念仏を廃しているとみるか、という三説に、分類されてしまうのである。そこで先の六説をこの三説に当てはめると、⑴二・四、⑵一・五・六、⑶三、となる。では今日の諸学説はどうであろうか。今日においても、「念観合論」の定説に何ら疑問が抱かれていない以上は、やはりかかる観点からでしか、『安楽集』の念仏義は問われていないことになる。そこで諸説を窺うに、⑴の、念観を同意語とみる説には、花田凌雲[10]・普賢大円[11]・神子上恵龍[12]・信楽峻麿[13]の諸説が、⑵の、念仏と観仏を同価値とみるには、金子大栄[14]・藤原凌雲[15]の諸説が、⑶の、念仏と観仏に廃立ありとみる立場には、大原性実[16]・山本仏骨[17]の諸説を、それぞれ該当させることができる。では、今日どのように論ぜられているのであろうか。それらの諸説の要旨を垣間みることにしよう。

第一の説では、『安楽集』の念仏は、観念のみのものと、観と称を並挙するもの、憶念のみのもの、称名のみのもの、等に分けることができるが、これらはすべて観仏三昧または念仏三昧という言葉で表現され、同意語として扱われている。ただし道綽は曇鸞の十念思想の影響を強く受けており、この十念は曇鸞の場合、憶念の相続を意味している。『浄土論註』では、憶念の対象は仏体であるから、その憶念は、観念が主であり、称念が従になる。ただし『安楽集』では、末法思想の影響を受けて、凡夫の行として、その念仏行の地位を逆転させて、称念を主、観念を従としているところに、この著の念仏思想の特徴があるとみる。ただ信楽説では、ここに主体的な行道をみており、道綽の最終目的は、「正念に往し仏を見る」ことにあったとして、見仏の方向で『安楽集』の念仏を捉え、

『安楽集』には、平常の念仏（念仏三昧）と、臨終の念仏（十念念仏）の二種の念仏義がみられるが、帰するところは、同一内容の念仏一行であって、一心に阿弥陀仏を憶念し、称名（観仏）することにより、次第に心を正念に住せしめて、見仏の境地を得ようとするところに、道綽自身の念仏道があったとする。

第二の説は、道綽当時においては、念仏として称名一行をたてるような状態ではなかったから、観仏三昧・念仏三昧の義は、一応、仏教一般の念仏、観念・憶念・称念等の念仏の行道をすべて含んでいるとみるべき（准通）で、しかもその上で、末法時代の行道ということで、称名念仏一行が、そのなかでとくに選ばれた（立別）とする。第三説は、道綽は一貫して称名念仏を勧めたとする論をたてる。それは第一大門第四の念仏思想を根拠とするのであるが、ここに説かれている念仏は「称名念仏」だとし、この一点より、『安楽集』全体の念仏をみれば、道綽の念仏思想は、必然的に、末法の凡夫相応の称名念仏に統一されるとするのである。

近年の学説では、要門・弘願といった観点からの、道綽の念仏思想の捉え方はみられないが、その方法論は、江戸時代に確立された研究方法と、本質的に異なっているわけではない。すでにみたように、『安楽集』の念仏思想は、このように意見がいくつかに分かれるが、そのすべてに共通しているのは、観念と称念を対立せしめて、道綽にとっての往生行は、つまるところ、称名念仏であったとする結論を、導いている点である。だが念仏行において、観念と称念が、あたかも対立している行のごとく、峻別して論ぜられてくるのは、法然以後の日本浄土教においてのみであって、それ以外ではみられない。とすれば、このような立場からの道綽教義の見方は、思想史的観点からの研究においては、根本的に間違っているといわねばならない。

親鸞教義からすれば、念仏論において、ほとんど無意識的に、廃立という観点からその念仏をみてしまう。したがって行道思想を考える場合は、まず念仏と諸行との関係が問題になり、しかる後に、念仏のなかにみられる観念と称念の関係が論ぜられる。親鸞思想においては、真実の行信・方便の行信、あるいは生因三願の真と仮を明らかにするという方向で、論が構築されているから、廃立という観点にたってこそ、思想が鮮明になるが、だが道綽の場合は、そのような観点から論が展開されているのではない。『安楽集』の思想構造がそのようになっていないのに、「念観合論」「念観廃立」という角度から、いかにその念仏思想を論じても、あまり意味があるとは思えない。そこでこれらの先入観はすべて排除して、素直に原文を読み、そこからこの著の念仏思想をみることにしたい。

二　道綽の求道の立場

道綽は『安楽集』を通して、何を明らかにしようとしたのか。冒頭の一文、「この安楽集一部の内に総じて十二の大門あり。みな経論を引きて証明して、信を勧め往くことを求めしむ」が、そのすべてを語っているといってよいのではないか。『安楽集』は十二の章から成り立っている。その各章で種々の経論が引用されているが、その引用の意図はただ一つであって、そのすべては、今の世の衆生に対して、阿弥陀仏とその浄土を信ぜしめ、一心に浄土に往生したいと願わしめようとしている。「信を勧め往を求めしむ」この一語に尽きるのであって、道綽はただ、人々に阿弥陀仏を信じ往生を願わしめるために、『安楽集』を書いたのである。

ではなぜ道綽は、この世の衆生に、阿弥陀仏を信ぜしめ、その浄土に往生したいと願わしめようとされたのか。ここで道綽は、「いまなぜ浄土の教えか」ということについて、「約時被機」という言葉によって、その理由を「もし教、時機に赴けば、修し易く悟り易し。もし機と教と時と乖けば、修し難く入り難し[18]」と説明する。たとえそれが、どのように深遠な教えであったとしても、その時代のその人に適さない教えであれば、この人にとって、その教えは何の意義ももたらさないとする。そこで『大集月蔵経』によって、釈尊の仏教が、時代の流れのなかで、仏道者にどのように受容されていくかを、次のように述べる。

仏滅度の後の第一の五百年には、我が諸の弟子、慧を学ぶこと堅固なることを得ん。第二の五百年には、定を学ぶこと堅固なることを得ん。第三の五百年には、多聞・読誦を学ぶこと堅固なることを得ん。第四の五百年には、塔寺を造立し福を修し懺悔すること堅固なることを得ん。第五の五百年には、白法隠帯して多く諍訟あらん。……諸仏の世に出でたまふに、四種の法ありて衆生を度したまふ。何等をか四と為す。一には口に十二部経を説く。即ち是法施をもて衆生を度したまふ。二には諸仏如来には無量の光明・相好まします。一切衆生、但能く心を繫けて観察すれば、益を獲ざるはなし。是即ち身業をもて衆生を度したまふ。三には無量の徳用・神通道力・種々の変化まします。即ち是神通力をもて衆生を度したまふ。四には諸仏如来には無量の名号まします。若しは総、若しは別なり。それ衆生有りて心を繫けて称念すれば、障を除き、益を獲て、皆仏前に生ぜざるはなし。即ち是名号をもて衆生を度したまふ(19)。

そして道綽自身が今の世を計って、

仏世を去りたまひて後の第四の五百年に当たれり。正しく是懺悔し福を修し、仏の名号を称すべき時の者なり。若し一念阿弥陀仏を称すれば、即ち能く八十億劫の生死の罪を除却す。一念既にしかなり。況んや常念に修するは、即ち是恒に懺悔する人なり(20)。

と、この時代の衆生の修すべき行道を明かすのである。悟りへの行道として、「懺悔し福を修し、仏の名号を称える」という行業は、あるいは優れているとはいいがたいかもしれない。常識的には、このような行道よりも、「定を修し、慧を修する」行業の方が、仏道としてははるかに優れているとみるからである。だがもし、世が乱れ、衆生が愚かであったとすれば、いかに優れた行道とはいえ、その実践は不可能となっている。

もし今、釈尊がましませす世であれば、仏弟子の心がまさに釈尊によって、正しく導かれるから、直ちに悟りに至る行道としての、「定を修し慧を修する」仏道が成り立っている。したがってこのような世であれば、この仏道が「正」になり、称名行は「兼」になる。だが今の世は、釈尊が滅して、はるかに時が流れており、仏法を学び、行道を修すべき衆生は、「浮浅暗鈍」なる心でしかない。このような末法の世においては、真実可能な行道は、ただ仏名を称するのみとなる。そこで称名が「正」となり、定慧の学道が「兼」となるのである。この故に韋提希は、この末世五濁の衆生を哀れみ、自身の苦悩せる身に重ねて、かかる一切の凡愚の救われる道を、釈尊に尋ねたのである。そこで釈尊は、この極悪苦縁に遇える衆生のために、浄土の一門を開き、阿弥陀仏の法を説き、末法の衆生を浄土に帰依せしめられている。この仏法の原理からすれば、現実においては、この世で仏果を得ようとする聖者の仏道は、何人も成就しがたく、浄土に往生する一門のみが、仏果への道として開かれているといわねばならない。だからこそ道綽は、この世の道俗に対して、『観経』の教えに従って、ただ一心に浄土への往生を願い、浄土に生まれよと説かれるのである。

さて、以上が第一大門第一の要旨である。かくて、『安楽集』の冒頭の文で、浄土の教えが、なぜ我々の今選ぶべき真の仏道であるかが、端的に示されるのであるが、ここで注意しなければならないのは、末法の行道として「称名行」が、ことに重視されている点である。真宗教学からすれば、それ故に道綽の念仏は「称名念仏」だと、結論づけられる論拠となる箇所であるが、私はむしろこの称名が、日本浄土教の法然が意味する称名と、はたして一致しているか否かに注意したい。なぜなら法然の称名は、名号に万行の功徳をみるが故に、一声の称名よく往生の因となる、とされるのであるが、ここにいう道綽の称名には、そのような法然的な義は、まったく見いだせないからである。何故、道綽は称名行を重視したのか。『観経』では流通分で、阿難がこの経を何と名づくべきかと問い、釈尊がそれに、「無量寿仏を観ずる」経と名づけ、また「業障を浄除し諸仏の前に生ず」経と名づくと答える。かくて釈尊は、「下下品」において、称名の相続において、その念念に八十億劫の生死の罪を除くと説き、衆生の無限の業障を浄らかに除く行業こそ、仏名を称する行だとして、名号を付属せしめるのである。

道綽は今、この『観経』の教示をそのごとく受けているにすぎないのであって、末法濁世においては、仏道として称名以外、いかなる行も成り立たない。しかもその称名には、一念阿弥陀仏を称すれば、よく八十億劫の生死を除却する。だからこそ道綽は衆生に対し、自ら罪の深さを懺悔して、常念に阿弥陀仏の名号を称し罪を滅し、心を浄土に繋けて往生を願え、と説かれるのである。したがってこの称名は、罪を滅し往生の意を発起せしめる行だとしても、その称名が直接的には往因とはなっていない。また、一念阿弥陀仏を称するの、「一念」と「称阿弥陀仏」の関係も、善導のごとく、この「一念」が直ちに「一声」となって「一声阿弥陀仏を称する」という意にはなっていない。「一念既に爾なり、況んや常念に修する（一念既爾況修常念）」の語によって明らかなごとく、一念に阿弥陀仏を称しても、八十億劫の生死の罪を滅するのであるから、常念に阿弥陀仏を称すれば、況んや無限の罪が滅せられるとする。したがってここでは、「念の中で称名すれば」の意となり、両者は同一語にはなっていないのである。では道綽はこの衆生の「念」をどのようにみているのであろうか。

三　『安楽集』にみる念の諸相

『安楽集』では、ほぼ三箇所で、念仏思想が論ぜられている。第一は、第一大門第四の「次に諸経の宗旨の不同を弁ず」以下、第二は、第二大門第三の「広く問答を施して疑情を釈去することを明かす」以下、そして第三は、第四大門第二の「此彼の諸経に多く念仏三昧を明かして宗と為す」以下を中心とした文である。第一の念仏は、先に論じた第一大門第一の、釈尊が『観経』で、すでに末法の凡夫を哀れんで、その凡夫を弥陀の浄土に帰依せしめようとしている、という説示を受けて、ではその『観経』に、いかなる念仏が説かれているかを語っている。第二は、第二大門第二の、「破異見邪執」の第九において、摂論学派の「十念別時意釈」を破するのであるが、それを受けて、次の第三で「問答」を施し、十念念仏について、広く論じるのである。したがって、この第一と第二に説かれる念仏は、『無量寿経』および『観経』に明かされる、凡夫の往因行としての念仏だといえる。

これに対して第三は、浄土の経典以外でも多く念仏三昧が語られているとして、八番の経典が引用されて、それぞれの経典に説かれる、種々の念仏の修相が示される。したがってここでは聖道門の念仏も説かれることになり、この点が『安楽集』の念仏思想を複雑にしている。第一と第二の念仏は、この研究の中心課題であるから、第四節以下で詳論するとして、まず第三の、第四大門第二で論ぜられている「念仏三昧」について、一体、道綽は何を語ろうとしているのかを窺うことにしたい。

ところでこの「念仏三昧」に関しては、すでに花田凌雲の研究論文がある。この論文では、八番の経典に示されている、一つ一つの念仏義を次のように解説している。

次に『集』下に彼此諸経に念仏三昧を明かすを宗と為すを挙ぐるに、八番の引証あり、此の下の所明は、無論西河の所謂念仏三昧である。而して其の第一『花首経』の一相三昧は、収摂諸根心不馳散専念一仏であって、其の結果に仏像即現在前而為説法といふことであるから、明らかに観念の念仏である。第二に『文殊般若』の一行三昧は繫心一仏専称名字念無休息であるから、明らかに称名の念仏である。第三に『涅槃経』の念仏三昧は、常能至心専念仏者であるから、定観の念仏か散心の憶念か、何れにせよ意念の念仏である。第四に始終両益の念仏一行は一向専念阿弥陀仏であるから、其の指す所に局限が認められぬ。第五に『般舟経』に跋陀和菩薩の仏勅は、経文常念我の三字に西河は常念我名の四字とし、名の一字を付加せられたること、是を称名の念仏と取る釈意であろう。但し結文に当念仏身三十二相等の文まで連引せられたるものは、観仏の念仏も遮せられない釈意なるべし。第六に『智度論』の念仏三昧は何れとも限られない。第七に『華厳経』の念仏三昧はこれまた何れとも限られないが、於此三昧門中悉能覩見一切諸仏及其眷属浄仏刹とあれば、定観の念仏なるべし。第八に『海龍王経』の八法中の常念諸仏、『大樹緊那羅王経』の四法の中の念仏三昧は文相にては何れとも限られない、『月灯三昧経』の念仏は、明らかに定心観仏の念仏である。此八番の引例を以て広く念仏三昧を明かす西河の釈意も前文の文例と同じく、定観念仏、散心念仏、称名念仏を該摂して念仏三昧と呼ぶものなることは確知せられる(21)。

すなわち『安楽集』の文面より見るかぎりでは、観念・憶念・称念等をすべて含めて、念仏三昧と呼んでいるのだと、結論づけられているのである。

ではなぜ道綽において、このような見方が成り立ったのであろうか。ここに『安楽集』の念仏が「念観合論」だとされる所以を見るのであるが、だがそれが無秩序になされているのであれば、それは矛盾としかいえない。ここに何らかの道理を導かねばならないのである。そこで、第四大門冒頭の、この門の要旨を見るに、「第二に、この経の宗および余の大乗諸部の凡聖の修入多く念仏三昧を明かして、もって要門と為す」と説かれ、「凡と聖」という語を見いだす。かくて「聖者」に対しては、「観念」という難行の念仏を、そして「凡夫」には、「称念」という易行の念仏を説いたのではないかと、その「対告衆」による分類が考えられる。だがここに引用されている八番の経典の、「対告衆」と「念仏」の関係を窺うに、そのような公式は当てはまらない。聖者としての菩薩に対しても種々の念仏を説き、また凡夫に対しても、種々の念仏を説いているからである。では道綽の念仏思想には、矛盾が存在しているのだろうか。

私はこの問いを逆にして考えてみたいのである。すでに一言しているが、鎌倉期以後の日本浄土教では、念仏において、観念と称念は明確に分かれた行法とされている。したがって真宗教学からみれば、ともすれば、かく観念と称念に分離された念仏行を、むしろ正当化し、一般的な念仏行だと捉えがちになる。だがそれは日本浄土教の特殊な念仏観であって、念仏といえば、本来、仏を念ずることであるから、そこには自ずから、観念・憶念・称念といった行為が、混然と伴っているとみなければならないのではないかと思う。それを観念か称念かといった観点から、経典に説かれている念仏の一々を分析して、この経典は観念のみであり、こちらは観念と称念が混然としている。これは不明、これは称名だ、といったところで、あまり意味をなさないのではなかろうか。これらの経典の引用は、そのような観念・憶念・称念といった行為性が重視されているのではなくて、『観経』および他の大乗の諸経典において、聖者であれ凡夫であれ、仏果に至るための行としては、いずれも「念仏三昧」の行が、重視されているということを、道綽は証明したかったにすぎないのだからである。

そこでいま一度、ここに引用されている八番の経典の、一々の引用意図を検討することにしたい。されば第一の『花首経』では、一相三昧によって無相を了達し、諸法の一切は無常であることを受持して、三昧より起ちてよく四衆のためにこの法を演説す、と説かれる。さればこの行は、第一の五百年の、慧を学ぶこと堅固なる時代の、法によりて真如無相を解脱するための行法となり、この引文は、この行道においても、念仏三昧が重視されていることを示す文となる。第二の『文殊般若』は、一行三昧によって、過去現在未来の三世の諸仏を見、無量無辺の功徳を得とされる。これはまさに第二の五百年の、定を学ぶこと堅固なる時代の、仏の相好を念じて、仏果に至ろうとする仏道であるが、ここにおいてもまた、念仏三昧が重視されていることになる。第三の『涅槃経』においては、念仏三昧を修することにおいて、諸仏世尊がこの者の現前にましますがごとくなるという。これは第三の五百年の、多聞・読誦を学ぶこと堅固なる時代の、諸仏の神通力・種々の変化によって救われる行道と一致する。さればこの時代においても、念仏三昧が第一の行道となる。そして第四の『観経』は、まさに今の時代の念仏行となる。第五の『般舟経』は、阿弥陀仏を念ずることの重要さを示すのであり、第六の『大智度論』は、迷える者の解脱の道は、ただ念仏三昧のみであると説く。

第七の『華厳経』は、念仏三昧がいかに勝れた行業であるかを示すのであり、第八の諸経典でも、最終的に、「常に能く念仏して浄土に往生するは、これ見仏の器なり」との経文を引き、さらに道綽自身が、「聖教すでにしかり。行者生ぜんと願ぜば、なんぞ常に念仏せざらんや」と結ぶ。念仏三昧には種々の相がある。仏道は、時と機によって、それぞれに適する行道が選ばれるからである。だがいつの時代、いかなる社会においても、仏を念ずる「念」を失っては、仏道は成り立たない。それ故にこそ、諸々の大乗経典は、一致して念仏三昧を、最も尊い行業だと説くのであり、衆生が、何時いかなる場においても行ずべき行が、「念仏三昧」だということになる。されば道綽はここで明かそうとしている根本問題は、念仏の念が，観念か憶念か称念かといった問題ではなく、衆生が仏を念ずる、その「念」の尊さだといわねばならない。そこで次の、第四大門第三において問答を設けて、さらに念仏三昧の功徳利益が明かされるのである。では道綽の時代、仏滅後の第四の五百年の衆生にとって、どのような念仏三昧が求められることになるのだろうか。それが浄土教の念仏であり、ことに『大経』に説かれる「十念」の念だと、道綽は捉える。ではその「念」は、いかなる「相状」なのだろうか。

四　『観経』の念仏三昧

第一大門第四は、「諸経の宗旨の不同を弁ず」という言葉にはじまる。それぞれの経典には、その経典独自の教義、中心思想があるとする。例えば、『涅槃経』では「仏性」が、『維摩経』では「不可思議解脱」が、『般若経』では「空慧」が、『大集経』では「陀羅尼」が、その経典の説く中心思想となる。そして『観経』の教えの中心を道綽は、「観仏三昧」だとし、その「観」について、阿弥陀仏とその浄土を念ずることだとする。では観仏三昧とは、いかなる行なのか。この観仏三昧を明らかにするために、道綽は『観仏三昧経』を引用するのであるが、この経典は、仏が父王に対して、諸仏が世に出られるのは、衆生に三種の観仏の法を説いて、それぞれに功徳利益を与えるという説法にはじまる。

すなわち第一は、仏が真如の法を施して、衆生の智慧の眼を開き、諸仏の前に生ぜしめて、早く無上菩提を得しめるという観仏三昧であり、第二は、仏が衆生に、諸仏には身相・光明・無量の妙好ましますと示す。これによりて衆生は、称念・観察して、自身の無量の悪業を除き、浄土に生まれて成仏するという観仏三昧である。そして第三が、仏が父の王に勧める「念仏三昧」という観仏三昧になる。ところで、ここで父王は仏に疑問を起こす。仏地の果徳を得るためには、真如の法を得、智慧の眼を開くことが重要である。なぜその行を自分に施してくれないのか、と尋ねるのである。ここで釈尊は父王に、「諸仏の果徳には無量深妙の境界・神通・解脱まします。これ凡夫所行の境界にあらず」として、念仏三昧を行ぜしめているのだと答える。

されば、第一と第二の観仏三昧は、釈尊滅後の、第一および第二の五百年の観仏三昧の行となり、いま釈尊が父王に勧めている念仏三昧こそが、道綽の時代の、凡夫相応の観仏三昧だと、道綽は捉えたことになる。ではそれは、いかなる観仏三昧なのであろうか。ここに三種の利益と説かれる以上は、各々は異なった行業だといわねばならず、しかも前二者の難行に対して、凡夫相応の易行としなければならない。そこで従来の学説を窺うに、例えば山本仏骨は、

上にも云う如く第二の称念観察は観中に摂せられる、三宝通念の称念で、之れは観称相通のものと見て宜い。斯くて此れに簡び、然も一切観念に堪えざる者の為に与えた念仏往生は、観念と別趣の性格を有するものとしなければ、折角第二と区別して創設された理由が無意味となり、又所顕がなくなるからである。即ち第一に口業法施を以て諸行随機の利益を与える事を示し、第二に称念観察すれども観念が主となって滅罪の利益を得る事を示し、第三に之を簡別して観念に堪えないものの為に開いた念仏往生の利益であるから、正に称名一行の依って救われる事を顕出して居るものと考える事が至当であろう(22)。

と述べ、この念仏三昧は「称名」を意味するものだと論じる。観念が難行であり、称念が易行だとする、日本浄土教の見方からすれば、おそらくこれは妥当な結論だというべきかもしれない。けれども、もし道綽自身が、そのような観点からこの念仏三昧を論じていないのだとすれば、結論は大きく異なる。難易の基準が、「観か称か」ということではなくなるからである。そこで観念か称念かといった、論の先入観を排除し、文に即した解釈を試みることにしたい。

さてこの、父の王が凡夫であればこそ、念仏三昧を行ぜしめているのだという、釈尊の諭しに対して、父王が改めて、「では、その念仏の功とその状はどうか」と、釈尊に尋ねられる。かくて仏は父王に、念仏三昧の「功」と「状」を次のごとく説法される。

父王よ。例えば、四十由旬四方の伊蘭林に、一本の牛頭梅檀が有るとする。梅檀は根芽が有るのだが、未だ土地に芽を出していない。この伊蘭林は、ただ臭いばかりで香りはまったく無い。もし人がこの花や果を口にすれば、発狂して死んでしまう。しばらくして、梅檀の根芽がようやく生長して、「纔かに樹と成らんと欲す」。するとと香気がたちまち四方にただよい、この伊蘭の林を改変して、すべて香美にして、見る者をして、皆希有の心を生ぜしめる。父王よ。一切衆生の、生死の中での念仏の心とは、まさにこのようなものである。「ただ能く念を繋け止まざれば定んで仏前に生ず」。一たび往生を得ば、一切の諸悪は直ちに改変されて大悲心と成るが、それはあたかも、かの香樹が伊蘭林を改めるようなものである。いま「伊蘭林」といったのは、「衆生身内の、三毒・三障・無辺の重罪」に喩えている。また「梅檀」といったのは、「衆生の念仏の心」に喩えている。そして「纔かに樹と成らんと欲す」とは、一切の衆生が「ただ能く念を積みて断たざれば」、必ず業道成弁するということを明かしているのである(23)。

では、この釈尊の説法から、念仏三昧について、どのような「功」と「状」が導かれることになるであろうか。まず「功」に関しては、ただ悪臭を放ち猛毒である四十由旬四方の伊蘭林を、一本の牛頭梅檀が、ほんのわずか、樹と成らんと欲するだけで、この伊蘭林の一切が直ちに香美に改変されるごとく、念仏の心は、ただ念仏するだけで、その衆生を往生せしめ、衆生の身内の三毒・三障・無辺の重罪の一切を、直ちに大悲心に改変してしまう。それが念仏の「功」である。では念仏の「状」とは何か。ここで原文の「纔かに樹と成らんと欲すといふは、謂く一切衆生但能く念を積みて断えざれば業道成弁するなり」に注意したい。釈尊はこの喩えで、梅檀が「纔かに樹と成らんと欲す」ことが、まさに衆生がただよく「念を積みて断たざる」ことだとされて、それが念仏の「状」だと説明されているからである。

さればこの「積念」は、先の「ただ能く念を繫け止まざれは」の「繫念」を受けているから、この「ただ能く念を積みて」と「ただ能く念を繫けて」の「念」は、まったく同じ内容となり、「ただひたすら、一心に思い続ける」という意がここに導かれる。そしてこの心を、「念仏の心亦復是の如し」と、いま問題になっている念が、この念仏の「念」の意だとする。このようにみれば、父王が仏に問うた、念仏三昧の相状は、念仏三昧＝積念＝繫念＝念仏の心となって、ただひたすら念じつづける心、ということになってしまう。ではこの衆生は、何をひたすら念じつづけるのか。ここでまた「纔かに樹と成らんと欲す」＝「念を積みて断たざる」の図式をみることができる。栴檀がまさしく、樹と成ろうと欲するように、衆生もまたそのように、まさしくそのような「心」を積み重ねていくことが、この「念を積みて断たざる心」である。とすればこの心は、「樹と成らんと欲する心」より考えて、「仏に成らんと欲する心」だと結論づけられる。しかも「ただ能く念を繫けて止まざれば」では、「一たび往生を得れば」と、その「念」が「往生」と関係づけられているのである。さればここにいう「仏に成らんと欲する心」とは、「浄土に生まれたいと欲する心」にほかならなくなる。

『安楽集』は冒頭で、この書はその全体を通して、すべて経論を引いて証明し、「信を勧め往を求めしむ」と述べていたが、浄土に生まれたいと欲する心こそ、道綽が一貫して求めつづけている心だといわねばならぬ。とすればこの念仏三昧は、観念であれ、憶念であれ、称念であれ、そのいずれの「念」も排除するのではなくて、その各々の念をすべて含みながら、その「念」は、智慧によって真如と一体になる念でも、また仏の相好を観念・憶念・称念する念でもなく、ただひたすら阿弥陀仏の浄土に往生したいと念ずる心だということになる。いわば仏滅後の第四の五百年における、末法の凡夫の念仏三昧とは、懺悔し、福を修し、名号を称え、ただ阿弥陀仏をひたすら念じて、浄土に生まれたいと願いつづけるという、「願生心」相続の意に解されるのである。

ここにおいて、道綽の念仏三昧についての、今日の真宗教学における解釈と、道綽自身の意図するところの、根本的なズレが、明らかになったのではないかと思う。真宗教学においては、その「念仏三昧」の意を、仏を念じる「念じ方」、その行の手段に重点を置いて、その中心は、観念であるか、憶念であるか、それとも称念かを論じ、一つの明快な念仏行を導き出せなかったがために、「念観合論」という結論に達したのである。だが道綽はそのような手段を問題にしているのではない。仏を念ずるという「念仏三昧」を通して、この世で、いかなる果を得るかが、最大の問題であったのである。その時、末法の世においては、智慧によって真如と一体に成ることも、また、仏の相好を観じて真実清浄の心に成ることも、不可能であることが、覚知されていた。それ故に、浄土に生まれて仏に成るという浄土教を選び、この浄土の一門こそが、仏果に至りうるただ一つの仏道だとみたのである。そこで道綽は、阿弥陀仏を信じ、浄土に生まれたいと念ずる、その「念」を、この末法の世の唯一の念仏三昧だと、『安楽集』で論じているのである。

とすれば、その果を得るための、種々の手段、行業は、当然必要とされる。いずれの念仏三昧でも、観念・憶念・称念といった行が求められるのである。ではなぜこの浄土に生まれたいと願う「念」のみで、往生が可能となるのであろうか。『無量寿経』の第十八願に「十念」による往生が誓われ、『観経』の「下下品」において、その十念往生が示されているからである。ではその「十念」を道綽はどのようにみていたのであろうか。

五　道綽の十念思想

1　摂論学派との対応

『安楽集』では、「十念」の語は大きく四箇所に出る。第一は、第二大門第二の「異見邪義を破す」の項、第二は、第二大門第三の「広く問答を施して、疑情を釈去す」の項、第三は、第三大門第三の「輪廻無窮」を破する道としての、聖浄二門を論ずる項、そして第四は、第七大門第二の「此彼修道」の項である。その第一が、摂論学派の浄土教徒への論難に対する解答である。彼らは浄土教の「十念往生」を批判し、それは直ちに往生する因ではなくて、「仏の別時意」だと論難したのである。これに対して道綽は、十念にて即往生する理由を明かすのであるが、第二は、その論旨をさらに深めて、問答形式で、十念の量・価値・相状等が論ぜられる。したがって『安楽集』の十念思想は、この第二の部分が中心になる。そこでまず、摂論学派の論難を通して、『無量寿経』や『観経』の十念思想は、一般的にどのように解されていたかを窺うことにしよう。

曇鸞は五四二年の没だとされている。道綽は五六二年の生まれであるから、その差は二十年であり、思想的にはほぼ五十年の差だとみることができる。今日からみれば、彼らとの時代の間に、一千五百年ほどの開きがあるから、その五十年の差は、ほとんど同時代だと考えられなくはない。だが中国仏教史的にみれば、まさしくこの時代は、隋唐の文化が開花し、仏教界では多くの高僧が輩出、各宗脈が勃興して、互いに論諍を重ねて、中国独自の仏教を生み出していく時代であったのである。かくて曇鸞の浄土の思想は、当時の浄土教徒に大きな影響を与えながら、同時に、他の仏教者から批判されるという面が生じたのである。その論難に対する道綽の解答が、第二大門第二の「異見邪宗を破す」の項で展開されることになるが、その論諍から、道綽には曇鸞にみられない、新たな思想が生まれている。その一つが、阿弥陀仏の浄土に対する「報化論」であり、他の一つが「十念思想」に対する道綽独自の見解である。では摂論の学徒は浄土教にどのような論難を加えてきたのであろうか。

第九に摂論と此の経と相違するによりて、別時意の語を料簡すとは、今観経の中に、仏、下品生の人、現に重罪を造らんも、命終の時に臨みて善知識に遇ひて十念成就して即ち往生することを得と説きたまふ。摂論に云ふに依るに、仏の別時意の語なりと導へり。又古来通論の家多く此の文を判じて云はく。臨終の十念は但往生の因と作ることを得るも、未だ即ち生を得ず。何を以てか知ることを得るとならば論に云はく。一の金銭を以て千の金銭を貿ひ得るには、一日に即ち得るには非ざるが如しと。故に知んぬ、十念成就の者は但因と作ることを得るも、未だ即ち生を得るにはあらず。故に別時意の語と名づくと。此の如きの解はまさに未だしからずとなす。(24)

これによれば、摂論の学徒が、『摂大乗論』に、「唯願無行は往生別時意(25)」と説かれていることを論拠に、『観経』に説く、下下品の愚人の臨終における十念往生を、それはあたかも、一の金銭で直ちに千の金銭を商い得ようとするようなもので、到底不可能だとし、「十念」は、いつか往生する「因」にはなっても、直ちに往生という「果」は得られないという、摂論学派の論難に対し、道綽は「しからず」と反論したのである。

ここで道綽がまず、経と論の関係を論じる。論——ここでは『摂大乗論』を指すことになるが——菩薩が論を作るのは、仏意を扶け、経の意味を明らかにするためになされているのであるから、論文の意が、経典と矛盾することはありえない。とすれば「別時意」の語も、経の意と矛盾しないように考えねばならない。仏の通常の説法は、すべて先に因を説き、後に果を明かして、理路整然としている。ところが『観経』では、下下品の愚人が、臨終に十念成就して往生を得と説き、この者の過去における、行の有る無しを論じない。それは深い仏意によるのであって、心が動転している臨終の造悪の者を、なんとかして救うためで、それ故に、ただ悪を捨て、善に帰し、念に乗じて往生せしめようとしているのだとする。とすればこの「念に乗じる」の念は、先の「念仏三昧」の繫念あるいは積念の「念」と同意だとみられるのであって、一心に願生する心、ということになる。すなわち悪を捨て善に帰すのであるから、今日までの悪業を恥じらい、懺悔し、名号を称え、浄土に帰依し、一心に浄土に生まれたいと願う。かかる心を直ちに生ぜしめるために、過去の業因を隠されたのだとみるのである。

かくて、この釈尊の、始めを隠し、終わりを顕し、因を没して果を談じる説法を、「名づけて別時意の語という」と、道綽は解釈する。とすれば、「十念を成就して往生を得」と説かれる『観経』の教えは、まさに因を隠しているだけで、過去には確かな因行が積まれている。なぜなら『涅槃経』に、過去世に善行を積んだ者のみが、この世で法を聞いて、愛楽すると説かれているからで、もしこの者の過去に善行がなければ、臨終に善知識に遇うことなどありえない。まして法を聞き、十念を成就することなどできないのである。だが『観経』「下下品」の愚人は、善知識に遇い、阿弥陀仏の法を聞き、十念を成就している。どうして、過去に善行がなかったといえようか。「十念」という果が生じたのは、明らかに過去にその因行があったからだといわねばならぬ。

『摂大乗論』に、「一の金銭を以て千の金銭を貿ひ得るは一日に即ち得るには非ず」と説かれているが、これを仏意の「十念成就」からみれば、衆生は過去に、すでに多くの善を積んでいるから、いま、念に乗じて往生す、という意になる。したがって、この場合の十念の「念」は、譬喩にみられる、果としての「千の金銭」にあたっている。それに対して、無着の『摂大乗論』の立場からすれば、過去の因を閉じ、いままさに、一の金銭しかないとするのであるから、直ちに千の金銭が得られないのは当然としなければならない。経と論は何ら矛盾していないとするのである。

このようにみると、道綽は『摂大乗論』に説かれる「唯願無行」の別時意を、何ら無謀な説とはみていない。ただ摂論の学徒が、『観経』の十念往生を、この説に重ねて批判してきたことに、非をみているのである。ではなぜ摂論の学徒が、この「十念」を願のみで行がないと批判したのか。それは、『無量寿経』の十念思想、および曇鸞の十念解釈によっても明らかなように、当時の浄土教者は、この「十念」を、一般的に「浄土に生まれたいと願う心」、一心なる願生心の意に、解していたからだといえる。浄土教徒は、この十念を成就するために、ただひたすら、善知識より名号の法を聞き、懺悔し福を修し、名号を称える。かくてはじめて、一心に浄土に生まれたいと願う心が成就され、その念に乗じて往生を得たのである。ところが摂論の学徒は、その成就された「念」のみをみて、過去の因行を見落としたがために、このような過ちを犯すことになったのである。

2 『安楽集』「第二大門第三」の大意

さて、道綽はこのように、摂論学派からの論難に対して、過去の善行を説き、「念に乗じて」往生するという、十念往生の義を明らかにしたが、しかしこの釈明のみでは、なぜ「十念」という心のみで往生できるのかという、仏道としての原理が解き明かされたことにはならない。そこで『安楽集』では、次の第二大門第三において、「広く問答を施して疑情を釈去す」という項目をたて、道綽自身が問答を施して、なぜ「十念」が直ちに往生の「果」を得るか、という疑問に答えるのである。したがって、道綽の十念往生の思想は、この項でほぼ、論じ尽くされることになるが、ここで論じられている十念往生の義は、そのほとんどが曇鸞の『浄土論註』の思想によっている。

では道綽は、曇鸞の往生思想をどのように受け入れたのであろうか。ここでは十一の問答が展開されているが、まずその流れを概観してみよう。

（一）問う。一切の衆生は曠劫より有漏の業を造りつづけて、三界に繋属しているはずである。それがなぜ、三界の繫業を断じないで、「直爾少時」阿弥陀仏を念じて、直ちに往生を得て、三界を出ずるのであれば、繫業の義はどう考えればよいのか。答う。二種の解釈がある。一は法によりて、二は、喩えによりて。法からいえば、仏法の不思議智、仏の不思議智力による。喩えによれば、そのような例は、この世においてもさまざまみることができる。故に、かの少時の念仏を疑い、この念仏を軽くみて、安楽国に往生して正定聚に入ることができないといってはならない。

（二）問う。大乗の経典には「業道は秤の如し。重き処先づ牽く」と説かれている。すべての衆生は、無始より今日まで悪業のみを造りつづけている。その衆生がどうして、臨終に善知識に遇い、十念相続するだけで、往生を得るのか。もしそうであれば、「先牽」の義をどのように信じればよいのか。答う。無始以来の悪業を重しとなし、下品の人の十念の善を軽しとみている。そこで道理によって、両者の軽重を計ってみよう。それは「心と縁と決定」の在り方にあるのであって、決して時間の長短、行為の多少にあるのではない。「心に在る」とは、かの人が罪を造る時は、自ら虚妄顚倒の心に依止して生じている。この十念は、善知識がかの人に、種々の方便を施し心を安らげて、実相の法を聞かしめることによって生じている。一は実であり、一は虚である。どうして比べることができようか。「縁に在る」とは、かの人が罪を造る時、自ら妄想に依止し、煩悩果報の衆生と交わって生じている。この十念は、無上の信心に依止し、阿弥陀如来の真実清浄無量功徳の名号に依って生じている。「決定に在る」とは、かの人が罪を造る時は、自ら有後心・有間心に依止して生じている。この十念は無後心・無間心に依止して起こっている。
(三) 問う。臨終の十念の善が、能く一生の悪業を傾けて、浄土に生じるという道理が明らかになったが、一体、どれほどの時間が十念なのか。答う。経には、百一の生滅が一刹那であり、六十の刹那を一念としている。これが一般的な「念」の時間であるが、今ここでいっている「念」の時間は、このような六十刹那を一念とする時間を取らない。ただ阿弥陀仏の、もしは総相、もしは別相を憶念するような場合、所縁に随って観じて十念を経るに、他の念想間雑することがない。これを十念と名づけるのである。したがって「十念相続」という時間は、仏が仮に一つの数を示したのであって、凡夫は「但能く念を積み」思いを凝らして他事を考えなければ、その業道は自ずから成就されるのである。
(四) 問う。いま「十念」を勧められたので、その念仏三昧を行じようと欲している。けれどもいまだ、その「念ずる心」を知らない。どのような念の状態に似ているのか。答う。例えば人が、人里の離れた広野で、怨賊が刀を抜き、殺そうとして襲いかかってくるに値遇したとする。この人は直ちに走って逃げるのだが、一つの河を渡らねばならぬことを知る。この人は、いまだ河に至らない時に、次のような「念」をなすはずである。「われ河の岸に至った時、衣を脱いで渡ればよいだろうか。衣を着たままで泳ごうか。衣を脱ごうとしても、おそらくその暇はないだろう。衣を着たままであれば、おそらく泳ぎきれないだろう」。ところでこの時、この人は、一心にさまざまな思案をめぐらせ、河を渡る方法を求めるのであるが、この人の「念」はただ一つ、河を渡りたいとの願いのみであって、それ以外の心想は、この心には何一つ間雑することがない。十念の行者もまったくそのとおりである。阿弥陀仏を念ずる時、ちょうど、かの人が河を渡ることのみを念じ、その念のみが相続して、余の心想が間雑しないように、まさに念ずればよい。あるいは、仏の法身を念じ、仏の神力を念じ、仏の智慧を念じ、仏の毫相を念じ、仏の相好を念じ、仏の本願を念ずる。名号を称する場合も同じである。重要なことは、かの人が一心に河を渡りたいと念ずるごとく、行者もただよく専至に、浄土に往生したいとの念を相続して断たなければ、必ず仏前に生じる。

（五）問う。『無量寿経』の第十八願に、「……至心に信楽して、我が国に生まれんと欲ひて、乃至十念せん。もし生まれずば……」と誓われている。この教えを聞いた人は、平生はそのような念仏をしなくても、臨終に修念すればよいと考える。それはどうか。答う。そのような考えは間違いである。経の「十念相続」の教えは、難しいようにはみえない。しかし凡夫の心は常に顚倒しており、どうして休まることがありえようか。だからこそ各々は、必ずまず信心を発して、平生において、自ら一心に努力して、念を積み性を成じ浄土への想いを堅固にしなければならない。それでも臨終は心が乱れる。したがって各々同志が、三人でも五人でも、あらかじめ約束を結び、臨終の時には、お互いさとしあって、弥陀の名号を称し安楽国に生ぜんと願じ、お互いの称名の中で、十念を成就せしめるべきである。

（六）問う。大乗の経論は皆「一切衆生は畢竟無生にして猶し虚空の如し」という。なぜ天親・龍樹菩薩は、往生を願じたのか。答う。それは凡夫の「実の衆生、実の生死」という所見に対する語で、菩薩は「因縁生」において見るから、無生の義とは矛盾しない。

（七）問う。生は有の本であり、迷いの元である。この過を知り、生を知り無生を求めるのならよい。だが今は浄土に生じることを勧めている。これは生を棄て生を求めることである。どうして生が尽きるのであろうか。答う。かの浄土は阿弥陀如来の清浄本願の無生の生である。三有の衆生の愛染虚妄の執着の生のごときではない。その浄土は法性清浄にして畢竟無生だからである。いま「生」といったのは、得生者の「情」であるにすぎない。

（八）問う。そのように生は無生だと知るのは、まさに上品生の者である。そうであれば下品生の人が、十念に乗じて往生するのは、やはり実の生を取ることではないか。答う。三つの解釈で説明できる。一は、例えば浄摩尼珠を濁水に置けば、珠の威力で水はたちまち澄浄になる。そのようにもし人、無量生死の罪濁ありといえども、かの阿弥陀如来の無生清浄の宝珠の名号を聞いて、これを濁心に投げれば、念々の中に罪滅し心浄くして、往生するのである。二は、浄摩尼珠を玄黄の帛で包み、水に投げれば、水はすべて玄黄一色になるようなものである。かの清浄仏土に、阿弥陀如来の無上宝珠の名号がまします。無量の功徳成就の帛で、その名号を包み、これを往生する者の心水の中に投げれば、どうして生を転じて無生の智となせないようなことがあろうか。三は、氷の上で火を焚くに、猛火であれば、氷が液ける。氷が液ければ、火が滅するようなものである。下品往生の人は、たとえ法性無生を知らなくても、ただ仏名を称する力をもって往生の意をなし、かの土に生じたいと願って、すでに無生の界に至る時、見生の火は自然に滅する。

（九）問う。この身の何が往生するのか。穢土の仮名人と浄土の仮名人は、決定して一でもなく、決定して異でもない。決定して一であれば因果が無いことになり、決定して異であれば、相続が無いことになるからである。

（十）問う。人がただよく仏の名号を称えるだけで、諸の障りを除くのであれば、人が指で月を指しているようなものだ。この指がよく闇を破すことができるのか。答う。諸法は万差である。名の法に即するも、名の法に異するもあり。名の法に即するものとして、諸仏・菩薩の名号、禁呪の音辞、修多羅の章句などがある。

（十一）問う。もし人ただ弥陀の名号を称念すれば、よく十方の衆生の無明の黒闇を除いて往生を得るというが、それならある衆生が、名を称し憶念しても、無明がまだあって、所願が満たされないのはなぜか。答う。如実修行せず、名義と相応していないからである。それはどういうことか。いわばその衆生は、如来が実相身であり、為物身であることを知らない。また心に三種の不相応がある。一は、信心が淳くない。存したり亡したりしている。二は、信心が一でない。決定していないのである。三は、信心が相続しない。余念が間雑するからである。これらは互いに関係しあっている。もしよく相続すれば、それは一心であり、一心であれば、すなわち淳心である。三心を具して、もし生じないのであれば、阿弥陀仏の法の道理はありえなくなる。[26]

3 道綽の曇鸞教義の受容

この十一の問答は、『浄土論註』と『略論安楽浄土義』の十念往生の思想を受けて成り立っている。今日『略論安楽浄土義』は、曇鸞の作と考えられがちであるが、すでに論考したように、私は『略論安楽浄土義』を曇鸞の著述とはみない。それは両者の十念思想に、絶対に起こりえない思想の違いがみられるからである。そこで『安楽集』の十念思想を、両者の十念義と対応させてみると、「十念念仏」の「念」の捉え方に関しては、『安楽集』は、『略論安楽浄土義』の義と重なるが、「十念」の義そのものにおいては、むしろ『略論安楽浄土義』よりも『浄土論註』と一致するのである。おそらく道綽は、『略論安楽浄土義』の十念義の影響を批判的に受けながら、『浄土論註』の十念義を解釈し、ここに道綽独自の往生思想を、展開しているように思われる。一体、道綽はいかに曇鸞の思想を受容し、道綽独自の思想を発揮しているのであろうか。

『浄土論註』は、『浄土論』の註釈書であり、その『浄土論』の往生思想は、菩薩行としての「五念門行」である。したがって『浄土論註』の大半は、この菩薩行の解釈となるが、凡夫曇鸞にとってはこの五念門行は、直接的には往因行にはなりえない。そこで曇鸞は、この五念行を解釈しつつ、自分にとっての往生行を、浄土経典の「十念」思想にみるのである。したがって曇鸞には、往因思想に関して、五念門と十念という、二種の往生思想がある。[27] ただし道綽からすれば、この菩薩の五念門行は、末法の凡夫にはまったく相応しない行となる。そこで『安楽集』は、往生行において、五念門行を完全に排除し、ただ十念思想のみを受け入れる。この点が、往因思想に関しての、『浄土論註』と『安楽集』の最大の違いである。では道綽は、曇鸞の教義をそのごとく受けつつ、しかも時機相応の、道綽独自の浄土教思想を、どのように発揮しているか。十一番の問答の一つ一つを検討しつつ、十念思想を中心に、曇鸞から道綽への往因思想の流れを明らかにしたい。

第一問答は、有漏の業の繋業の問題であるが、これは『浄土論註』八番問答中の、第六問答の「問い」と、『略論安楽浄土義』の第五問答の思想を受けている。ところで『浄土論註』と『略論安楽浄土義』と『安楽集』には、それぞれに微妙な思想の違いが見られる。そこで三者の対照を試みて、まずその相違点を捉えてみよう。

対照表

『浄土論註』[28]	『略論安楽浄土義』[29]	『安楽集』[30]
曠劫より已来、備に諸行を造りて、有漏の法は三界に繋属せり。但十念阿弥陀仏を念じたてまつるを以て便ち三界を出づ。繋業の義復云何せむと欲する。答えて曰はく、汝五逆・十悪の繋業等を重となし、下下品の人の十念を以て軽と為して、罪の為に牽かれて先づ地獄に堕して三界に繋在すべしとは謂はば、今応に義を以て校量すべし。	云何ぞ一生……但十念相続するを以て便ち往生することを得て、即ち正定聚に入りて畢竟して退せず、三途の諸苦と永く隔てんや。若し爾らば先牽の義何を以てか信を取らん。又曠劫より已来備に諸行を造る、有漏の法は三界に繋属せり、云何ぞ三界の結或を断ぜずして直少時に阿弥陀仏を念ずるを以て便ち三界を出でんや。繋業の義復云何がせんと欲すと。……百年の悪を以て重と為し、十念の念	問ひて曰く、但一切衆生曠大劫よりこのかた、備に有漏の業を造りて三界に繋属せり。云何ぞ三界の繋業を断ぜずして、直爾少時阿弥陀仏を念じて、即ち往生を得便ち三界を出づといはば、此の繋業の義、復云何せんと欲するや。答へて曰く。二種の解釈あり。一には法に就いて来し破す。二には喩へを借りて以て顕す。……又五の不思議の中に仏法最も不可思議なり。汝三界の繋業を以て重しと為し彼の少時の念仏を疑ひて

軽重の義は心に在り、縁に在り、決定に在りて、時節の久近多少には在らず。	仏を疑ひて軽と為して、安楽に往生して正定聚に入ることを得ずといはば、是の事然らず。	軽しと為し、安楽国に往生して正定聚に入ることを得ずといふは、是の事然らず。

「対照表」にみられるごとく、ここでは「業道」の問題が展開される。問題の発端は、『業道経』に「業道は秤の如し。重きもの先ず牽く」と説かれる仏教の理念についてで、『観経』の「下下品」の極悪人が、無限に積み重ねてきた悪業を、何故、臨終の十念で断ち切って、往生できるかが問われているのである。三者とも、十念を重と見、無限の悪業を軽とみる点においては、一致しているのであるが、その十念思想には、各々に相違がみられるのである。

まず『浄土論註』においては、十念の業と愚人の悪業は、心の問題として捉えられ、十念は真実清浄の実相の法を聞くことによって生じる心であるが、愚人の悪業は、虚妄顛倒の見によって生じる心で、一方は実、他方は虚であるから、十念の方が重いとするのである。したがってこの十念は、真実清浄の信より生じているのであるから、この十念には、虚妄や疑惑の心は含まれない。その十念を「以て」念仏するのであるから、その「念」の相続がいかにわずかであっても、それが真実の心であるから、往生が可能になるのである。ここで注意すべきは、「以十念念阿弥陀仏」の読み方で、曇鸞は「十念」と「念仏」を同一の行業とはみず、あくまでも十念に重きを置き、その十念を往生の因だとみる。

では『略論安楽浄土義』はどうであろうか。すでに『略論安楽浄土義』の「十念思想」で論じたように、この十念は二点で、『浄土論註』の十念思想との違いが見られる。一点は、『浄土論註』においては、十念と念仏の「念」

は同意語ではなく、異なった範疇に属していたのであるが、『略論安楽浄土義』においては、「十念相続」「少時念阿弥陀仏」「十念念仏」が、すべて同意義として述べられており、「十念」は「ほんの少しの念仏の相続」という意になっているのである。二点は、より根源的な違いとなる。曇鸞の十念は、虚妄とか疑惑の心が完全に除かれることによって生じる、清浄真実なる心であるから、この「念」は「疑」とは対立しない。『浄土論註』第六問答の疑問は、十念がなぜ、無限の悪業を断ち切るかということであって、その答えが、十念は真実清浄の心であるが故に、となるのである。

これに対して『略論安楽浄土義』の問答は、「疑惑心を以て安楽に往生するものを名づけて胎生と曰はば、云何が疑を起こすや」という問いに対する答えとなる。その疑に四種有りとして、その第一の疑で「十念念仏」を問題にする。それは少しの念仏では、往生できないのではないかという疑いになるが、その疑惑心を排除し、真実の信心をもって、念仏を相続せしめるために、「仏智の不思議」と「喩え」が説かれ、最後に十念の念仏を疑ってはならないとするのである。されば『浄土論註』の十念は、聞名によって疑いが、完全に除かれることによって生じる、「果」としての心であるのに対し、『略論安楽浄土義』の十念は、疑わないで一心に信じるための、「因行」としての念仏となる。

『安楽集』の第一問答の十念思想は、『浄土論註』よりも、より直接的には、『略論安楽浄土義』の思想を受けているといえる。ただしこの問答中には、「直爾少時念阿弥陀仏」「少時念仏」と表現されているのみで、「十念」の語は見いだせない。けれどもその「少時念仏」は、『略論安楽浄土義』の「十念相続」「十念念仏」によっていることは確かで、さらに『安楽集』の第二問答に見られる十念義は、その「少時念仏」についての論であるから、第一問答に、たとえ十念の語が見られなくても、この「少時念仏」が十念相続の義であることは、動かしえない。この点、『安楽集』の十念は『略論安楽浄土義』と同じく、十念と念仏の「念」が同義語として、念仏という思想範疇に属している。

だがその両者間の念仏義には、大きな相違が見られる。『略論安楽浄土義』では「十念念仏」に関して、このようなわずかな念仏では、往生できないのではないかという疑惑心が、生じかねないので、「仏の不思議智」と「譬え」を示して、必ず十念の相続で往生するから、疑わないで、一心に念仏せよと勧めるのである。ところが『安楽集』の「少時の念仏」は、『略論安楽浄土義』の第一の「疑」の解答のほとんど全文を引用しながら、「疑を棄てて信を取らせて念仏せしめる」という部分のみを除き、その全体を『浄土論註』の第六問答と同じく、下下品の悪業と十念の、軽重の疑問についての問答としている。いわば『略論安楽浄土義』の十念義を受けて、かく念仏の範疇で十念の語を解しながら、しかもその十念を、第二問答で『浄土論註』の「三在釈義」を通して再解釈し、曇鸞の十念義と一致せしめている。

『浄土論註』と『略論安楽浄土義』の十念義の最大の違いは、『略論安楽浄土義』の十念は、〈初期無量寿経〉の「信忍と念仏」の関係にみる念仏の意であるに対し、『浄土論註』の十念は、まさに〈後期無量寿経〉の十念義と一致している点にあるといえるが、道綽の十念義の特徴は、十念を念仏の範疇で捉えることにおいては『略論安楽浄土義』を受けながら、その義は『浄土論註』によっているところにあるとみることができる。

第二問答は、『浄土論註』八番問答中の第六問答の「答え」の部分の大半が引用される。第一問答の「少時の念仏」を「十念相続」の意に解し、その十念でなぜ、下下品の愚悪な凡夫が往生するかが答えられるのである。ところで、その根拠ほ完全に曇鸞の「三在釈義」によっているのであって、「在心・在縁・在決定」の相違によるからだとする。すなわち、無始以来造れる愚人の悪業は、自らが造る虚妄顛倒虚偽の業であるが故に軽く、十念は、真実清浄の実相の法を聞くことによって生じる「念」であるから重いと論じる。

第三問答は、この十念相続の時間を問題にする。これもまた『浄土論註』の八番問答によるのであって、ここでは第七と第八の問答を一つの問答として引用している。ではこの問答によって何が明かされるであろうか。今日『浄土論註』の第七問答は、問いにおいて「念」の時節が問われているにもかかわらず、答えでは、その時節が否定されて、十念の「念」は憶念であり、称名であると答える問答だと解している。私はこの今日の定説に疑問を抱き、すでに論じた「曇鸞の十念思想」で、それだと問答自体が矛盾することになると指摘した(31)。ではなぜ従来、そのような見方しかできなかったのか。それは日本浄土教学の特異性で、十念論や念仏論においては、常に観念か憶念か称念かといった、行じ方の形式のみが問題にされていたからである。そのため従来の「第七問答」の十念論は、『浄土論註』の思想の流れがまったく無視されてしまっている。

曇鸞はここで、『観経』「下下品」の極悪人が、臨終の十念でなぜ往生するかを問う。心が極度に動揺し顚倒している愚人が、その臨終に、どうして心を鎮め、阿弥陀仏の相好を憶念観察し、無他想心を作ることが可能であろうか。そのようなことが、ここで問われるはずはない。曇鸞は第六問答で、十念の価値を問題にする。ここで質と量を対比せしめて、あたかも闇が光に破られるごとく、虚妄は必ず真実に出会えば、その瞬間に破壊されるとする。かくて極悪人の悪業は「量」においていかに無限であり、十念の心は「量」においていかに少なくても、一方は虚妄であり、他方は真実であるが故に、それは「量」によるのではなくて、「質」の差において、十念が無限の悪業を破るとする。ただし十念の、「量」の問題が残ったので、第七と第八の問答において、その量を問いつつ、結局浄土往生においては、「念」の量の数が問題なのではなくて、あたかも仏道一般において、一心の憶念や称名が他想なき心を作るように、善知識の聞名によって、ただ一心に「念」を相続することが「十念」だと、述べられるのである。

『安楽集』は、曇鸞のこの思想をまさにそのごとく受け入れて、問題の所在を、さらに明らかにしているといえる。道綽にみる、第二・第三・第四の問答の流れがそれで、第二問答で十念の価値が、第三問答で十念の量が問題にされ、ことに第三問答では、曇鸞の第七・第八問答を一つにまとめ、それが本来的に同一の問答であることをわれわれに教える。そして結論は曇鸞とまったく同じであって、経論では一般に六十の刹那を一念としているが、「今の時は、念を解するに此の時節を取らず。但阿弥陀仏を憶念して、若しは総相若しは別相、所縁に随ひて観じ、十念を経て、他の念想間雑すること無し。是を十念となづく」と述べ、十念相続は、限定された時間が問題なのではなくて、ただよく「念を積み、思いを凝らして他事を縁ぜざれば」それがすべてだとするのである。ただし、曇鸞においてもそうであったが、ここでもまた、その「念」の内実が、いまだ曖昧のまま残されている。この疑問が、次の第四問答で顕かにされるのである。

ここは「いま勧めによりて念仏三昧を行ぜんと欲す。いまだ知らず、計念の相状は何にか似たるや」という問いにはじまる。この「勧め」とは、先の十念を受けていることはいうまでもない。いま十念の相続が勧められているが、それがどのような念仏三昧か、いまだ明らかにされていないから、その念ずる心の「相状」を、喩えをもって示せという。ここで道綽は、『略論安楽浄土義』の「旅人と怨賊」の喩えを引用して、旅人が怨賊の難から逃れるために、必死にあれこれ思考をめぐらせ、一心に河を渡りたいと念ずるように、さまざまな仏の念じ方があるとして、自分に可能な方法で専至に仏を念じつつ、ただ一心に浄土に生まれたいと願う、その心に他のいかなる心想も間雑しない。それがこの念仏三昧の「念」だと述べるのである。

さてここにおいてわれわれは、この念仏三昧の「念」が、『安楽集』では、十念念仏・十念相続・少時念仏・少

の、念仏の方法を問題にする場合、喩えなど使う必要は、ほとんどないのではないかと思われる。他は第一大門第四の「宗旨不同」にみる「伊蘭林と栴檀」の喩えがそれである。普通、念仏三昧あるいは観仏三昧の「念の相状云何」という問いを発し、いずれも譬喩を通してその「念」の相状を説明している。一はこの項であり、時念阿弥陀仏の「念」とまったく同一の内容であることを知る。そしてこの「念」に関して、この著で道綽は二度、

第一大門第四の「宗旨不同」で三種の「観仏三昧」を問題にするが、第一の、法施によって智慧の眼を開く観仏三昧においても、第二の、称念・観察によって仏の相好を見る観仏三昧においても、その観仏三昧には何ら説明は施されていない。なぜならこの観仏は、仏教一般に共通する念仏だからで、説明されなくても、それがいかなる行であるかは、何人にもほぼ理解されるからである。だが第三の、念仏三昧という観仏三昧は、この末法の時代に、特に必要とされる、浄土教独自の特殊な念仏であるが故に、ここに特に喩えを用いて、その「念」の相状を説示しているのである。今の場合も同様であって、仏を念じる用例として、「法身・神力・智慧・毫相・相好・本願・称名」等のさまざまな念仏が例として掲げられるが、これらもまた何ら、説明を必要としない念仏である。だからこそそれらの念仏を通して、あたかも河を渡りたいと念ずるごとく、阿弥陀仏を念じ、ただ一心に繫念相続せよと述べられるのである。さればこの繫念の「念」は、まさに先の「伊蘭林と栴檀」の喩えにみる、「樹と成らんと欲する」心に比して導かれた、積念・繫念の「念」の意とまったく同一になるといわねばならない。

かくて『安楽集』にみる第四の五百年、いわゆる末法時代に可能な念仏三昧は、十念念仏であり、その少時の念仏とは、一心に阿弥陀仏の浄土に往生したいと願いつづける、念仏であったと結論づけられる。そしてその念仏往生こそ、『無量寿経』の「第十八願」に誓われる、「十念往生」だと道綽は捉えるのである。ではその十念念仏は、ただ臨終のほんのわずかな時に、念ずればそれでよいのか。次の第五問答がこれに答える。『略論安楽浄土義』の

結びの文によっているが、凡夫の識は常に動揺し顚倒しており、それが臨終において頂点に達する。したがって、その念がたとえ、いかに容易な「念」であっても、臨終の凡夫には、たやすく念ぜられない。故に凡夫は平生から、よろしく信を発し一心に自らを励まして、浄土に往生したいと念じつづけることが必要で、その上でさらに、同志が集まって弥陀の名号を称し、安楽国に往生したいと願じて、はじめて十念が成就するとみるのである。

第六問答以下は、『浄土論註』の思想を受ける。その大意はすでに論じているので省略するとして、このなか、第八問答でいま一度、十念の思想が問われる。さて、『安楽集』の第六問答から最後の第十一問答までは、その全体が『浄土論註』の文によるのであるが、この両者間には、根本的な思想の差をみるのである。私は往生思想に関して、『浄土論註』には「五念門行」と「十念」の二種の往生行をみるが、『安楽集』は十念往生のみだと一言した。道綽の思想には、本来的に五念門行は存在していないのである。『浄土論註』は『浄土論』の註釈書であり、『浄土論』の思想の中心は五念門行にある。したがって『浄土論註』の中心思想も、五念門行にあることはいうまでもない。ただし凡夫である曇鸞は、天親菩薩のごとく五念門行を行ずることは不可能である。そこで曇鸞は、天親が五念門行によって顕した阿弥陀仏の法を信じ、十念相続して往生したのである。道綽は曇鸞のその十念思想を受けるのであるから、『安楽集』に五念門行が説かれないのは当然だといえる。

ところでこの第六問答以下に引用される『浄土論註』の文は、すべて曇鸞が「五念門行」を解釈している文中のもので、第六と九が上巻の「作願門」、第七と八が下巻の「観察門」、第十と十一が下巻の「讃嘆門」にみる説示である。とすれば曇鸞は菩薩行の立場でここを解釈し、それを道綽は凡夫行の立場で受けているとみなければならぬ。それ故に同一の文でありながら、両者の思想は根本的に異なることになる。さて、第六と第七の問答は、先の「十念往生」を受けて、大乗仏教の根本思想である「一切衆生は畢竟無生にしてなほ虚空のごとし」と、その往生の矛盾性を問うている。ここでまず、天親や龍樹菩薩がなぜ浄土往生を願じたかを問題にし、それは凡夫の実の生死ありと思うがごときの「願生」ではなくて、因縁生としての無生の生を求めているのであり、阿弥陀仏の浄土こそ、清浄本願の無生の生だとするのである。

そして第八問答で、そのような無生の生は上品生のことであり、下品生の人が「十念に乗じて往生」するのは、やはり実の生を取ることであり、それであれば真実の浄土には往生できないのではないかとする。ここで「浄摩尼珠」と「氷上燃火」の喩えによって、「かの下品往生の人は法性無生を知らずといへども、ただ仏名を称する力をもって往生の意をなし、かの土に生ぜんと願じて、すでに無生の界に至る時に見生の火自然に滅す」と説く。そしてこの「乗十念往生」が、仏名を称する力をもって、「往生の意を作し、彼の土に生ぜんと願ず」とするこの結論は、まったく曇鸞の思想によっている。

ただし曇鸞のこの「作願門」と「観察門」の釈では、その行の主体はどこまでも菩薩にあるから、その本義は、因縁生としての無生の生だといわねばならない。ただしそれであれば、凡夫の往生は不可能となるから、凡夫には『無量寿経』による、十念往生の道が開かれているとされているのである。したがって、文章構造の流れからすれば、凡夫の十念往生が、ここで中心的に説かれているとはみられない。だが『安楽集』はそうではない。この十一番の問答の全体が、まさに凡夫の十念往生を問うているからである。したがって、菩薩の「無生の生」を論じる文を引用しながら、その思想の中心を凡夫の「十念往生」に置きかえ、たとえ凡夫は実の生死しかみることができず、阿弥陀仏の浄土への往生を「実の生」と取ったとしても、その浄土は清浄本願の「無生の生」であるから、十念で必ず真実の弥陀の浄土に往生すると、この点を中心的に述べているのである。

ここにおいて、第十一問答の「称名・憶念」の義も、『浄土論註』と『安楽集』でその意味が逆転する。この文は『浄土論註』においては、下巻「讃嘆門釈」にみる説示である。それは五念門行の「作願」を成就せしめるための、弥陀の名号の讃嘆であって、そのためには、『浄土論』に「かの如来の名を称するに、かの如来の光明智相のごとく、かの名義のごとく、如実に修行して相応せんと欲す」と説かれるごとく、阿弥陀仏の光明智相とまさに一体になるべく、如来は実相身であり為物身であると知り、その確固不動の「淳心・一心・相続心」でもって、弥陀の名号を称名し讃嘆する。このように『浄土論註』では、かかる菩薩行としての讃嘆が求められている、といわねばならぬ。その上で、名号を称えることによって、もし「願が満つることを得る」といえば、それはあたかも、月を指す指が、闇を破するがごときにならないかと問う。これに対して、「名は法に即するあり。名の法に異するあり。名の法に即するとは、諸仏・菩薩の名号、般若波羅蜜および陀羅尼の章句、禁呪の音辞等これなり」と答え、名号はまさに名の法に即する功徳があるから、称名を通して「願い」が満たされるのだとするのである。

『安楽集』は、この『浄土論註』の「称名破満」の思想をそのごとく受けるのであるが、道綽はこの称名を、菩薩行としてではなくて、末法の凡夫の称名行としてである点、曇鸞の意図とは大きく異なっている。第九問答において、「何の身に依るが故に往生を説くや」と問う。仏道を修すれば往生を得るが、一体この身の何が往生するのかというのである。これは『浄土論註』では、上巻の「作願門」の釈に見られる文で、実際的には先の「第六問答」の引文につづいている箇所である。それを道綽は意図的に二分するのであるが、それはこの文から、往生行としての「五念門行」の意を消すためにほかならない。そして往生の行として、ただ「諸の行門を修すれば」という。この場合、先の第八問答の結びが、「ただ仏名を称する力をもって往生の意をなし」であり、次の第十問答の問いが、「もし人ただ能く仏の名号を称えて、能く諸の障りを除かば」であるから、この「第九問答」の往生行は、称名による十念相続になるのである。

そこで第十問答において、ここでも『浄土論註』の引用文を逆にして、その称名行について、仏の名号は名が法に即するが故に、称名よく諸の障りを除き、よく闇を破するのだとするのである。ところが衆生が称名憶念しても、無明がなおあって、所願が満たされない場合がある。この疑問の答えが第十二問答である。さればここに示される「如実に修行せず（不如実修行）」「名義と相応せざる（名義不相応）」「如来実相身、是為物身なりと知らず（不知如来是実相身、是為物身）」「三種の不相応有り（有三種不相応）」の言葉は、すべて『浄土論註』からの引用でありながら、それは菩薩行としての心ではない。たとえば如来の実相身・為物身を知るということにおいて、『浄土論註』であれば、まさにその実相身・為物身を如実知見することになるが、『安楽集』では、ただその功徳を信知すればよいことになる。したがって三種心の相続としての「淳心・一心・相続心」も、曇鸞の場合は、天親菩薩の「一心願生」に適う心の相続が求められているのであるが、道綽においては、凡夫の念仏三昧としての「十念相続」が、この場合の三種心の相続となっているのである。

非常に興味深いことは、この「三不三信」の教えを、親鸞は「正信念仏偈[32]」で道綽の功とする。なぜこの教えが、曇鸞の功績ではないのか。曇鸞の教えのままであれば、それはどこまでも菩薩道であって、凡夫には不可能である。その曇鸞の称名を私たちに、凡夫道の称名として教示されたのが、道綽の「誨慇懃」の意になるのである。

むすび

『安楽集』は「信を勧め往を求めしむ」の語にはじまる。道綽はただこの一点を、この書を通して、自らが求め人に勧めている。阿弥陀仏の教法を信じ、一心にその浄土に往生したいと願う。この真実清浄な一心の願いのみで、往生は成就する。『安楽集』は、まさにかかる思想で一貫しているのであり、ここには何ら思想の矛盾はみられない。道綽自身、自ら阿弥陀仏を信じ、南無阿弥陀仏を称えつつ、一心にその浄土に生まれたいと念じ、大衆にもかく往生を念ぜしめた。ここに道綽が意味する「念仏三昧」があるのであり、この念仏こそが、道綽の「十念」の思想であったのである。ではなぜ道綽はこの「十念」に往因をみることができたのであろうか。

『安楽集』では、十念の語は四箇所にみられた。すでに論じたごとく、この内の最初の二箇所、第二大門第二と第二大門第三で、十念の相状とその功徳が明かされ、この十念は「実相の法」を聞くことによって生じた、真実清浄の念であるが故に、ほんのわずかな念仏であっても、往生すると論証せられたのである。ただしこれのみでは決定的な論拠にはならない。ここにその「実相の法」とは何かが明かされねばならないからである。ここで道綽は『無量寿経』の本願の思想を導く。それが十念が説かれている後の二箇所である。その一つが第三大門の「輪廻無窮」の項に見られるもので、凡夫が無始劫よりこのかた、輪廻無窮に苦を受ける相を説きつつ、五濁悪世の末法の今、それを破れる法門はただ浄土の一門のみだと、

若し衆生ありて、たとひ一生悪を造れども、命終の時に臨みて、十念相続して我が名字を称せんに、若し生ぜずば正覚を取らじ。(33)

と第十八願文を引用するのである。なぜ「十念」で往生するのか。それはまさに阿弥陀仏が本願に誓われた、凡夫往因の法門であったからである。かくていま一つ、第七大門において、娑婆の行道と浄土の行道の根本的な相違を、「もし弥陀の浄国に往生することを得れば、娑婆の五道一時に頓に捨つ。故に横截五悪趣と名づくるはその果を截るなり。悪趣自然閉とはその因を閉づるなり」と示して、

若し能く作意し回顧して西に向かへば、上一形を尽し下十念に至るまで、皆往かざるはなし。(34)

と説く。
周知のようにこの本願の文は、「本願趣意の文」と呼ばれているように、第十八願そのものの意ではない。明らかに知られるように、第十八願に『観経』「下下品」の思想が重ねられて導かれた、道綽独自の第十八願の解釈である。ではなぜ道綽はかかる解釈をなさねばならなかったか。それはいうまでもなく、摂論学派の論難を受けたからだと見なければならない。この論難に道綽は、十念の「念」は「願」であり、そこには「行」がないが、愚悪の凡夫が臨終に十念の念が生じたのは、まさに過去世の善行によっている。故に、この十念には願と行が具足されていると答えたのである。そして現実の浄土教者の行道について、浄土教者は十念相続しつつ、称名念仏して往生するのだと、本願趣意の文を示して、現在における願行具足を、ここで強論したのだと窺えるのである。

註

(1) 『真聖全』(一)、三七七頁。
(2) 同右、九頁。
(3) 同右、二六九頁。
(4) 同右、二七〇頁。
(5) 『原典版七祖篇』九二頁以下。
(6) 『続高僧伝』『大正大蔵経』五〇巻、五九三頁下(以下『大正蔵』)。
(7) 迦才の『浄土論』『大正蔵』四七巻、八三頁中。
(8) 『原典版七祖篇』一四六〇頁。
(9) 山本仏骨『道綽教学の研究』三八八頁以下。

(10) 花田凌雲「浄土門念仏本質の討究」『宗学院論輯』五、一〇頁以下。
(11) 普賢大円「安楽集における行の考察」『真宗学の諸問題』一一三頁。
(12) 神子上恵龍「七祖における念仏思想の変遷」『真宗学の根本問題』二四二頁。
(13) 信楽峻麿「道綽浄土教における行道思想」『龍谷大学論集』三八八・三九〇、五七頁以下。
(14) 金子大栄『真宗の教義と其の歴史』八五頁以下。
(15) 藤原凌雪『念仏思想の研究』一七頁以下。
(16) 大原性実『真宗教学史研究――真宗行論の展開』五八頁以下。
(17) 山本仏骨註(9)前掲書、三九九頁。
(18) 『真聖全』(一)、三七八頁。
(19)(20) 同右。
(21) 花田凌雲註(10)前掲論文、五頁以下。
(22) 山本仏骨註(9)前掲書、三九九頁。
(23) 『真聖全』(一)、三八一―三八二頁意訳。
(24) 同右、三九八頁。
(25) 『摂大乗論』別時意説『大正蔵』三一巻、一九四頁中。
(26) 『真聖全』(一)、三九九―四〇五頁(『安楽集』第一大門三第「広施問答」の大意)。
(27) 本章「二、曇鸞の十念思想」七三頁以下参照。
(28) 『浄土論註』『原典版七祖篇』一〇九―一一〇頁。
(29) 『略論安楽浄土義』『真聖全』(一)、三七〇―三七一頁。
(30) 『安楽集』『真聖全』(一)、三九九―四〇〇頁。

(31) 本書九一―九六頁以下。
(32) 「正信念仏偈」『真聖全』(二)、四五頁。
(33) 『真聖全』(一)、四一〇頁。
(34) 同右、四二九頁。

四、善導の十念思想

はじめに

「中国三祖」とは、曇鸞・道綽・善導の三師を指している。曇鸞と道綽の「十念思想」については、すでに考察を終えた。そこでその両師の十念思想が、善導にどう受け継がれたかが、この節の中心課題となる。ただしこの論考が明らかにしようとしている点は、前二師の場合とは大きく異なっている。曇鸞や道綽の場合、その十念の義は、少なくとも今日の浄土教者においては、それがいかなる義であるか、直ちには解しえない。だからこそこの十念義に関して、議論が百出しているのである。だが善導の十念義においては、そのような疑義を挟む余地は存在しない。次の三文に注意しよう。

一、無量寿経に云はく。法蔵比丘、世饒王仏の所に在しまして菩薩道を行じたまひし時、四十八願を発したまへり。一一の願に言はく。若し我仏を得んに、十方衆生、我が名号を称して我が国に生まれんと願ぜんに、下十念に至るまで、若し生ぜずば正覚を取らじ。(1)(『玄義分』)

二、無量寿経に云ふが如し。若し我成仏せんに、十方の衆生、我が名を称すること、下十声に至るまで、若し生ぜずば正覚を取らじ。(2)（『往生礼讃』）

三、無量寿経の四十八願の中に説きたまふが如し。仏言わく。若し我成仏せんに、十方の衆生、我が国に生ぜんと願じて我が名字を称すること、下十声に至るまで、我が願力に乗じて若し生ぜずば正覚を取らじ。(3)（『観念法門』）

この三文はいずれも善導の、『無量寿経』第十八願文の解釈である。ここで善導は第十八願の「乃至十念」を、「下至十念」「下至十声」と解しており、善導にとっての十念義は、「十声阿弥陀仏の名号を称える」という意であることは明らかだからである。

したがって曇鸞と道綽の十念思想の研究では、二師の十念義をいかに解明するかにその中心点があったが、善導の場合はそうではなくて、今度は逆に、善導はなぜ第十八願の「乃至十念」を「十声の称名」と解したか、その理由の解明にあるといわねばならない。すでに明らかなように、『無量寿経』第十八願の「十念」の語意は、本来「十声の称名」を意味していない。その上、曇鸞・道綽の二師においても、十念には、十声の称名の義は見いだしがたいのである。それをなぜ善導は「十声の称名」だと、明瞭に言い切ったのか。ここには教理史的にみて、善導が『無量寿経』の「十念」を、十声の称名と解さなければならなかった歴史的背景があるはずだし、また、善導自身において、かく意義づけるべき根拠がなければならない。十念が十声と解されるに至った理由が、善導教学の上からどのように説明づけられるかが、この論考の焦点となっている。

なお善導の十念義は、後世、日本浄土教に大きな影響を与えた。ことに法然は、この善導の教えを受けて、往生の行業はただ一声の念仏によるとして、「選択本願念仏」というまったく新しい念仏思想を明かし、また親鸞はこの法然の教えより、その念仏こそ、阿弥陀仏の本願より廻向された大行だと解する。そして今日の日本浄土教では、かかる念仏義こそまさに善導の念仏思想だと説かれる。だが教理史的にみて、そのような見方には問題がある。そこで本論では、善導の往因思想を考慮しつつ、その往因思想が法然・親鸞の思想と、どのように根本的な違いがあるかをも明らかにしていきたい。

一　唯願無行と願行具足

道綽浄土教の重要問題の一つは、浄土教の念仏は「唯願無行」であるとする摂論学派の論難に、どう答えるかということであった。ここで道綽は『涅槃経』の、「過去世に善行を積んでいる者のみが、この世で法を聞き、愛楽する」という説を論拠に、『観経』下下品の愚人が、臨終に善知識に出遇いえて、十念を成就することができるのは、この者がまさに過去世に善行を積んでいたからだとして、「願行具足」の論を導くのである。だがかかる解答では、むしろ十念は「唯願」だという証明になりかねない。この意味で道綽の思想は、実際的にも、摂論学派の論難を完全に打ち破りえなかった。この遺された難問を善導が受け継ぎ、摂論の論難に根本的な解答を与えたのが、善導の「六字釈」である。一体、摂論学派が問題にした「別時意」とはいかなる思想であり、浄土教の念仏に対するその「唯願別時意説」を、善導はいかに論破したのであろうか。

摂論学派とは、無著の『摂大乗論』および世親の『摂大乗論釈』を学ぶ学徒である。その人々が『摂大乗論』および『摂大乗論釈』に説かれる「別時意」の説を論拠に、浄土教徒に論難を加えてきたのであるが、ではそこで何が明かされているのか。真諦訳の『摂大乗論釈』によれば、「別時意」について、次のように説かれている。

論に曰く。二には別時意。釈に曰く。若し衆生有りて懶惰の障に由りて、勤めて修行するを楽わずば、如来は方便を以て説く。此の道理に由りて如来正法の中に於て、能く勤めて修行せしむる方便説とは、論に曰く。譬えば若し人多宝仏名を誦持すれば、決定して無上菩提に於て更に退堕せずと説くこと有るが如し。釈に曰く。是れ善根に懶惰なれば、多宝仏の名を誦持するを以て、上品に進む功徳と為すとも、仏の意は、上品の功徳を顕わさんが為に、浅行の中に於て懶惰を捨てて勤めて道を修せしめんと欲するなり。唯仏名を誦するのみに由て、即ち退堕せず、決定して無上菩提を得とにはあらず。譬えば一金銭によりて、営みもとめて千の金銭を得るは、一日に千を得るに非ず。別時に千を得るが如し。如来の意も亦爾なり。此の一金銭は千金銭を因と為る。仏名を誦持することも亦爾なり。菩提の因を退堕せざらんが為なり。論に曰く、復説いて言える有り。唯発願するのみに由りて、安楽の仏土に於て、彼に往きて生を受くることを得と。釈に曰く。前の如く応に知るべし、是れを別時意と名く(4)。

「別時意」とは、すでに明らかなように、仏の方便を意味している。心が弱く、ともすれば仏道から退堕しようとする者に対して、その者をなんとか仏道に留め、行を行ぜしめるために、仏は種々のはからいを構ずるが、そのなかの一つに、やがて成し遂げられることを、あたかも直ちに成就するがごとく説かれることがある。この仏意を「別時意」といい、ここに二種がみられるのである。一が、多宝仏名をただ「称する」ことによって「無上菩提」を得るとする「成仏別時意」、二が、ただ「発願」するのみによって「往生」を得るという「往生別時意」である。

摂論の学徒はこの別時意説を、浄土教の念仏思想に重ねて、浄土教を論難したのであるが、ただここで注意すべきは、摂論学派の浄土教に対する論難は、第二の「往生別時意」についてであって、第一の「成仏別時意」ではないということである。それは何故か。第一は、懶惰な者が易行である「称名」一行によって、直ちに「無上菩提」

を得るとされるのであるが、そのようなことは、当時の仏教の常識としては、まったく考えられないことであったからである。例えば、浄土教の根本聖典である『観無量寿経』においても、下品者が得られる「無上菩提」は、「十小劫を経て百法明門を具し、初地に入ることを得[5]」「七宝池の中の蓮華の内にて六劫を経[6]」「十二大劫を満てて、蓮華まさに開く[7]」等と説かれており、無上菩提を得るには、果てしない時間が必要とされているのである。とすれば、この点に関して論諍など起こりえないのは当然というべく、それは善導自身も『玄義分』において、次のごとく認めているのである。

論に云く。人多宝仏を念ずれば即ち無上菩提に於て退堕せざることを得るが如しとは、凡そ菩提と言ふは乃ち是れ仏果の名なり。亦是れ正報なり。道理として成仏の法は、要ずすべからく万行円かに備へて、まさに乃ち剋成すべし。豈念仏の一行をもてせんや。即ち成ずることを望まば、是の処有ること無からむ。未だ証せずと言ふと雖も、万行の中に、是れ其の一行なり。何を以てか知ることを得る。華厳経に説きたまふが如し。功徳雲比丘、善財に語りて言はく。我仏法三昧海の中に於て唯一行を知れり。所謂念仏三昧なりと。此の文を以て証するに、豈一行に非ずや。是れ一行なりと雖も、生死の中に於てすなわち、成仏に至るまで永く退没せず。故に不堕と名づく。問て曰く。若ししからば法華経に云く。一たび南無仏と称すれば、皆已に仏道を成ずと。亦まさに成仏し竟るべきなり。此の二文何の差別か有る。答て曰く。論の中の称仏は、唯自ら仏果を成ぜんと欲す。経の中の称仏は、九十五種の外道に簡異せんが為なり。然るに外道の中には、すべて仏を称するの人無し。ただ仏を称すること一口もすれば、即ち仏道の中に在りて摂す。故に已竟と言ふ[8]。

この善導の説は、『摂大乗論釈』の「成仏別時意説」とまったく同意だというべく、いわば『論』の内容を、それと同一の立場に立って、善導が解釈しているとさえいえるのではないかと思う。すなわち、菩提とは仏果を意味している。仏果を得るためには、必ず万行を円備しなければならない。それが成仏の法の道理であるから、念仏の一行で、直ちに仏に成ることを、もし凡夫が望むとすれば、その望みは、仏道の道理そのものから、大きく外れることになると、善導は言い切っているからである。

ただし善導は、『論』の説をかく正しく受けながら、同時に、この『摂大乗論釈』のなかで、いま一つの道理、「称名念仏」が仏道の「一行」として、明かされていることをことのほか重要視する。『玄義分』の「成仏別時意説」のなかで、善導が最も強調したかった点こそ、称名一行では、直ちに証果に至りえないとはいえ、この行はまさしく万行の中の一行だと述べているところだからである。以下、『論』の内容とは直接関係のない、『華厳経』と『法華経』の対比が試みられているが、この対比によって、称名念仏一行の重要さが説かれるのであって、前者では、称名念仏は一行であるとはいえ、この一行によって必ず仏果にまで至りうることを示し、後者では、一声念仏を称えれば、その一声の念仏によって、その者はすでに、仏道に摂取されていることを明かしているのである。

かくて善導は自らの論旨を、第二の「往生別時意」に転じ、摂論学派の人々の、浄土教に対する論難の誤りを、次のごとく徹底的に論破する。まずその最初の部分から検討をはじめよう。

二に論の中に説きて、人ありて唯発願するに由りて安楽土に生ずるが如しと云ふは、久来通論之家、論の意を会せずして、錯りて下品下生の十声の称仏を引きて、此れと相似せしめて、未だ即ち生ずることを得ずといふ。(9)

さて、「二に論の中に説きて」とは、『玄義分』の先の引文につづく文である。『玄義分』は七門から成り立っており、その第六が「経論の相違を和会するに広く問答を施して疑情を釈去す」で、この「和会門」がまた六項に分かれる。その第五が「別時意を会通するといふは、其の二有り。一に論に云はく」以下で、ここで先の「成仏別時意説」が論ぜられたのである。では「別時意を会通する」とは、どういうことか。この場合の『論』は、『摂大乗論釈』を指しているから、『摂大乗論釈』に説かれている「別時意」の思想が、諸経典の教えと、一見矛盾するかのようにみられる場合、その『経』と『論』について、両者はこのような理由で、その意は相通じているのだと、善導が解釈しているのである。したがって善導は『摂大乗論釈』の「別時意」思想を批判しているのではない。

すでに論じたように、第一は「成仏別時意」について、『論』の思想が、『華厳経』『法華経』の教えと、まさしく矛盾しないことを明かしている。しかもこの点に関しては、浄土教は何ら批判を受けていないのであるから、ここではただ成仏別時意の義を論じつつ、ことに「称名」が、明らかに成仏道のための一行であると、論証しているのである。では「二に論の中に説きて」の、第二の「往生別時意」についてはどうであろうか。引文中の「人唯発願に由りて安楽土に生ずるが如し」とは、先に引用した『論』の「唯発願するのみに由りて、安楽の仏土に於て、彼に往きて生を受くることを得と。釈に曰く。前の如く応に知るべし。此れを別時意と名く」を指していることは明らかである。

釈尊は懶惰の衆生に、ただ発願するのみ、すなわち、安楽浄土に生まれたいと願うのみで、かの浄土に生まれると説かれているが、これは懶惰な衆生に一心に浄土を願わしめ、仏道に入らしめようとする、釈尊の方便で、直ちに浄土に生まれるのではなくて、やがて浄土に生まれるという意味で、それ故に「別時意」と名づけるのだと、『摂大乗論釈』に説かれているというのである。再言するが、善導はこの別時意説を批判しているのではない。問題は次の「久来通論之家、論の意を会せずして」にあるのであって、従来、摂論学派の人々は『論』の真意を理解することができなくて、こともあろうに、『観経』の「下品下生」に説かれている「十声の称仏」の教えに、この『論』の思想を重ねて、浄土教者の念仏は、ただ発願するのみであるから、直ちには往生できないと、論難を加えてきたが、それは大いなる「錯り」であると、善導はこの摂論学派の論難に対して、以下、厳しく批判を展開していくのである。

ここで善導は「錯りて」という言葉を用いているが、では摂論の学徒はどのような誤りを犯したことになるのであろうか。この点、今日の日本浄土教の学界では、あまり注意されていないように思われる。もちろん一般的には「摂論学派の人々が浄土教の称名念仏を指して、唯願無行だといい、また別時意だと論難したのは、彼らは浄土教系の称名念仏を誤謬曲解して、それを行とは認めなかったのだ」と解され、摂論の学徒から見れば、浄土教の凡夫が称える称名念仏など、到底「行」とは認められなかったとするのであるが、それであれば、善導が以下で強調される「称名念仏義」そのものが、まったく意味をなさなくなってしまうからである。そこでここに本願の義を重ねて、下下品の称名は、本願力に乗じた称名であるから、その一行で往生する等の意が述べられることになるが、これなどまさに、今日の日本浄土教の見解だといわねばならない。

ここでいま一度「錯りて」を問題にしたい。善導は、摂論の学徒が『論』の意を正しく解さないで、「錯りて」『観経』「下下品」の「十声の称仏」を「唯願無行」と難じたのだという。しかし『観経』の「下下品」には「十声の称仏」という言葉は存在しない。原文は「十念を具足して南無阿弥陀仏を称せん」であって、この語を善導が「十声の称仏」と解釈しているにすぎない。しかも善導以前に、このような解釈は見られない。それは第十八願文においても同様であって、善導は第十八願の「至心に信楽して、我が国に生まれんと欲ひて、乃至十念せん」を「我が名を称すること、下十声に至るまで」と捉えているが、かかる解釈もまた、善導独自のものである。とすれば、善導以前には「十声の称仏」といった言葉は存在しなくなるから、善導の思想が現れる以前に、摂論の学徒が、下下品の「十声の称仏」を唯願無行だと言うことはありえない。一体、摂論の学徒は浄土教のいかなる念仏を捉えて、唯願無行だと論難したのであろうか。

二　摂論学派の別時意説

今日、摂論学派の著述は現存していないようである。そこでこの学派の主張は、論難に応答した浄土教徒の著述から、窺わねばならない。まず懐感の『釈浄土群疑論』に注意してみよう。

有る釈者言く。念仏し十六観を修する等、即ち是れ発願なりと。又有るに釈して言く。論師、願の言を挙ぐと雖も、意亦其の念仏を取る。亦是れ別時の意なり。[10]

これによれば、『観経』の念仏を指して、「唯願無行」だと主張した論難に、二説あったことが知られる。一は、その念仏を十六観全体で捉え、定善・散善・三福・九品の行の全体をただ発願だとする説であり、二は、ここで「願」といっているのは、浄土に生まれたいと念じる、念仏の意に取り、そのような念仏を「別時意」だとする説である。このうち前者は、懐感自身が、このような説は、『観経』の教えそのものを否定するものであり、いたずらに人を惑わすような論であると、厳しく批判しているから、[11]これは論外で、いまは問題にする必要はない。では第二の念仏はどうであろうか。

『摂大乗論』の別時意説については、懐感も善導と同様に、「若し唯発願のみにして生を得と言ふは、此れ即ち別時意なり。発願の時に即するには非ず。終に後にすなわち浄土に生ず。故に別時と曰ふ」と、この説をそのごとく受け入れている。ただし浄土教の念仏は、ただ発願のみの念仏ではないことを、この文につづいて、次のように説明する。

今の時の念仏、至心なるは即ち意業の善行也。仏の名号を称するは即ち語業の善行也。合掌礼拝するは即ち身業の善行也。此の三業の善行に由て、能く八十億劫の生死の重罪を滅す。行と願と相扶て即ち往生を得。此れ豈に唯是れ其の願のみならんや。(12)

この文は『観経』「下下品」の「是の如き心を至し、声をして絶えざらしめて、十念を具足して、南無阿弥陀仏と称せん。彼の名を称するが故に、念念の中に於て八十億劫の生死之罪を除く(13)」を受けていることは明らかである。されば、摂論学派が問題にした「唯願」の念仏とは、この「下下品」に示されている念仏、すなわち「十念」を意味しているとみなければならない。この「具足十念」を、懐感は「下下品」の思想全体の中で捉え、この念仏には明らかに願と行が兼ね備えられていると論じたのである。

さらに基の『大乗法苑義林章』に次のような文がみられる。

摂大乗に云く。唯願のみに由て、まさにすなわち生を得るには非ず。別時意の故に。一銭貨をもて千銭を得るには、別時にまさに得るが如し。今即に得るには非ず。十念往生亦復かくの如し。十念は後方漸生の因と為なり。十念によて死後即に生ずるには非ず。(14)

また元暁は『遊心安楽道』で、

若し唯空しく願のみを発すれば、即ち是れ別時なり。若し行願かね修すれば是れ別時には非ず。若し天親菩薩十念行を判じて別時意と作さば、何故往生論を作りて人に勧め……(15)

と述べる。基の文は、「十念」が「唯願」であることを示し、元暁の文は、「十念」が「唯願」でないことを述べる文となっているが、いずれにしても、摂論学派が浄土教の念仏に対して、その念仏は「唯願無行」だと論難した念仏とは、『無量寿経』の第十八願、および『観経』の「下下品」にみられる「十念」の念仏であることは動かしえない。それは道綽においても同じなのであって、『安楽集』ではこの点が、今観経の中に仏、下品生の人、現に重罪を造るも、命終の時に臨みて、善知識に遇い、十念成就して即ち往生を得と説きたまふ。摂論の云ふに依るに、仏別時意の語といふ(16)。

と説かれている。そしてこの善導もまた、まさに「下下品」の「十念」の思想を、いま問題にしているのである。摂論学派の浄土教徒に対する別時意説の論難は非常に厳しく、この点を懐感は『群疑論』で「摂論此の百有余年に至り、諸徳咸く此の論文を見、西方の浄業を修せず(17)」と述べているが、ではなぜ、浄土教の念仏による往生の義が、かくも徹底的に、摂論の「唯願無行」説によって、根底から動揺されるに至ったのであろうか。それは摂論の学徒が、浄土教の根本思想、最も重要とみなされる教義の中心に論難を加え、その教えの根拠を完全に崩壊せしめたからだと思われる。

今日の日本浄土教学は、この点にあまり関心を寄せていない。それは善導の、先に示した『玄義分』の、「錯りて」という言葉を、非常に浅いところでしか受けとめていないからである。善導と摂論の論諍は、一般的には、「十念」は本来、「十声の称名」を意味していた。その称名行を、摂論の学徒はあまりにも易行で浅行であるため、そのような行為を「行」とは認めなかった。そこで善導はその誤りを正すために、まず「成仏別時意」において、称名が仏道の「一行」であることを示し、さらに『阿弥陀経』によって、称名念仏がまさしく往生の行業であることを証明し、しかも「六字釈」を通して、この称名に「願行」が具足されていることを論証した。かくて摂論学派の説が完全に破られたのである、という程度で、理解されているのではないかと思う。

だが私たちはここで、善導の時代を含めて、善導以前に『無量寿経』第十八願の「十念」を「十声の称名」と表現した者は、誰もいないことに注意しなければならない。しかも善導以外の論難に対する応答は、非常に歯切れが悪く、あたかも「十念」の語が、唯願を示す語と認めるがごとき立場を取っているのである。したがって「十念」

が、もし本来「十声の称名」を意味しているのであれば、その称名がたとえ願行を具足していたとしても、摂論の学徒は、このような凡夫の称名を「行」とは認めなかったのであるから、善導の反論によって、摂論の学徒が徹底的に敗れることはありえない。この矛盾を望月信亨は『支那浄土教理史』の中で、次のように指摘している。

前に述べた霊裕の無量寿観経義記に別時意の説を会し、無行の人の空しく願を発するに約して別時意と名く。行願相扶すれば方に往生を得といひ、又善導の観経疏第一にも行願具足すれば即ち往生を得。観経の十声称仏には十願十行具足するが故に、即ち順次往生を得て別時意に非ずといひ、新羅元暁の遊心安楽道、懐感の群疑論第二等にも亦ほぼ同説を掲げてゐるが、摂論師は唯願と願行具足とを問わず、総じて凡夫の報土往生を否認するのであるから、此等の会釈は必ずしも的確とすることが出来ぬのである(18)。

だが歴史的事実としては、最終的に、摂論学派が浄土教を破滅せしめたのではなくて、浄土教が栄え、摂論学派が消滅しているのである。そして称名念仏を通して、一般大衆は浄土往生を願っているのである。したがって、摂論の学徒が「総じて凡夫の報土往生を否認する」がごときは、浄土教徒にとっては、それほど大きな問題ではなかったといわねばならぬ。浄土往生に関しては、釈尊が浄土の経典の中で、凡夫は念仏によって、阿弥陀仏の報土に必ず往生すると説かれているからで、大衆は摂論の論難などに惑わされることなく、ただ釈尊の教えを信じれば、それでよいことだからである。けれどももし、その往因となるべき念仏が、「唯願無行」であれば、それは仏の方便別時意となってしまうから、これは浄土教徒にとっては、教えの根源に関わる大事となるのである。だからこそ浄土教者は必死になって心血を注ぎ、摂論の論難に対して、弁明を試みたのである。この場合、往因となるべき念仏が、「願行具足」されていることさえ証明されれば、一切は解決されるのである。

このようにみれば、望月信亨の結論は、大きく間違っているといわねばならない。摂論学派は、浄土教の念仏について、「唯願と願行具足」とを問わず、いずれの念仏も認めなかったのではなくて、明確に、往因とされている「十念」の念仏に焦点を当てて、その十念念仏が「唯願無行」であるから、その十念によって直ちに往生しないと、論難を加えてきたのである。だからこそ浄土教徒は必死になって、その論難に解答を試みたわけで、その「会釈は必ずしも的確とすることが出来ぬ」ということではなくて、的確に対応したからこそ、浄土教が栄え、摂論学派が消滅したのである。

ここにおいて、『無量寿経』第十八願および『観経』下下品の「十念」は、本来いかなる意であり、当時の浄土教者はそれをどのような意に解していたかを、あらためて問わねばならない。今日の日本浄土教では、善導・法然・親鸞の教えに従って、常識的に「十念」は「十声の称名」であると解している。しかも「十念」から、直接的に「称名」の意が導き出せない。『無量寿経』や曇鸞・道綽の十念義についても、そこになんとか称名の意を見いだそうとしている。だがもし「十念」に、本来、称名行の意があるのであれは、摂論からの論難は起こりえないし、もしその称名行を、摂論が「唯願」だと難じたのであれば、それこそ望月信亨がいうように、善導の解答は意味をなさないのである。

三　曇鸞・道綽の十念思想

現存する文献において、『無量寿経』第十八願の「十念」の思想を、解釈している最古は、曇鸞の『浄土論註』ではないかと思う。そしてその第十八願の「十念」思想を、今日、文献学的にあるいは思想史的に考察する場合は、例外なしに『梵本無量寿経』を参考にする。第十八願の「至心に信楽して、我が国に生まれんと欲ひて、乃至十念せん」にあたる部分が、『梵本無量寿経』の第十九願にみられるからで、そこでは、「わたくしの名を聞き、その仏国土に生まれたいという心をおこし、いろいろな善根がそのために熟するようにふり向けたとして、そのかれらが……たとえ、心をおこすことが十返に過ぎなかったとしても[19]」と表現されている。そこで、「その仏国土に生まれたいという心をおこし、……たとえ、心をおこすことが十返に過ぎなかったとしても」に、第十八願の「欲生我国、乃至十念」の意を見いだし、今日では一応、その十念の意は、「阿弥陀仏の浄土に生まれたいという願いを、少なくとも十返くり返しおこす」こと、したがってこの「念」は「願生心」、すなわち浄土に生まれたいと念ずる心の意に解されているのである。

中国浄土教において、その「十念」を解釈している最古の文献が、『浄土論註』であるとすれば、曇鸞が、『無量寿経』第十八願の思想の影響を、非常に強く受けた最初の浄土教者だということになる。『浄土論註』とは、天親の『浄土論』の註釈書である。ここで曇鸞は、天親が明らかにした浄土の教えを易行の極致だとみる。なぜなら、いかなる衆生も、この浄土の教えを信じ、阿弥陀仏の本願力に乗じてその浄土に生まれれば、速やかに仏果に至りうるからである。では天親菩薩はいかにして浄土に生まれたのか。阿弥陀仏の本願力を信じ、五念門行を修し、普く衆生と共に、往生することを願って、阿弥陀仏の浄土に生まれたのである。では愚かなる衆生は、いかにすれば、天親と共に浄土に生まれることができるのか。ここで曇鸞は、『無量寿経』の第十八願とその願成就文、および『観経』「下下品」の教えを示して、凡夫はここに説かれる「十念」に乗じて往生するのだと述べる。すなわち天親は、自らは五念門行を修しつつ、凡夫に対しては、本願の「十念」に乗じて往生することを勧めていると、『浄土論註』で解釈しているのである。

ではその「十念」とは、いかなる思想か。曇鸞の十念の研究については、今日、多くの論文が発表されているが、不思議なことに、曇鸞が『無量寿経』の十念思想を、最初に受容した浄土教者であるにもかかわらず、両者の十念思想の関係を論じた論文は、ほとんど存在していない。思想史的にみようとする今日の論文においても、『無量寿経』から曇鸞へという思想の流れを無視して、江戸時代の宗学の影響を受け、『浄土論註』八番問答の「第七問答」を中心に、曇鸞の十念は、観念か憶念か、あるいは称名かといった論が展開されている。けれどもこの第七問答は、凡夫の往因思想とは直接関係のない箇所であるから、この問答からでは、曇鸞の十念思想の本質は知りえない。

曇鸞が凡夫の往因を語っているのは、第七問答ではなくて「第六問答」である。ここで曇鸞は『観経』の下下品の思想に、『無量寿経』の第十八願とその成就文の思想を重ね、極悪人の臨終の十念往生を次のように語る。

五逆罪の愚人とは、曠劫より以来、諸の悪を積み重ねてきた者で、その一切の悪は繫属している。それに対して、臨終の十念は、ほんの瞬間の行業である。一体、五逆罪の愚人が積んできた悪業と、臨終の十念とどちらが重いか。十念が重い。なぜなら両者の、心と縁と決定の在り方が、まったく異なるからである。「心」においては、五逆罪を犯せる愚人は、今までの悪の行為の一切を自らの「虚妄顚倒の見」によって、心に生ぜしめている。けれども十念の心は、苦悩に苛まれている愚人に対して、善知識が種々の方便をもって、心を安慰せしめたがために、「実相の法を聞く」ことができて、生じたのである。「縁」においては、かの造悪の愚人は、自らの妄想の心によって、さまざまな悪行を為してきたのであるが、この者の周囲はすべて、「煩悩虚妄の果報」を受けた迷える衆生のみである。ところでこの十念は、実相の法を聞き、無上の信心によって生じている。まさしくこの心は、「阿弥陀如来の方便荘厳真実清浄無量の功徳の名号」を縁として生じたのである。「決定」は、かの造悪の愚人は、「有後心・有間心」によっている。生はまだ続くという油断があり、その心は虚妄の雑念が入り乱れている。これに対して十念は、「無後心・無間心」である。今を除いて救われる時はないという絶体絶命の、ただそのことのみの必死の心より生じている。この故に、十念は五逆罪より重く、十念にて往生するのである[20]。

ところでここに、この凡夫の十念に乗じる往生は、「有相の浄土」に往生しようと願う心であるから、大乗仏教の「無生の生」の教えに反するのではないかという疑問が生じるが、この疑問には、「氷上燃火」の喩えを出して、次のように答える。

阿弥陀仏の名号には、至極無生清浄の功徳がある。したがって、たとえ人が、どのような無量生死の罪濁の心を持っていたとしても、その名号を、往生を願う者の心に投げれば、名号の功徳によって、念念に罪が滅せられて、その心は清浄になる。故に凡夫がたとえ、有相の浄土への往生を願っていたとしても、その心はそのまま、無生の智に転ぜられるのである。それはあたかも、氷の上で火を燃やすようなもので、火の勢いが強ければ氷は溶けるが、氷が溶ければ、火は自ずから消滅する。下下品の人は「法性無生」の理などまったく知らなくても、ただ仏名を称する力によって、往生を願う意を作って、一心にかの土に生まれたいと願ったならば、まさに「十念に乗じて」往生するのであり、かの土に生ずれば、かの土は「無生」であるから、下下品の愚人の「見生」の火は、自然に滅してしまう[21]。

ここで曇鸞が問題にしているのは、『観経』「下下品」の、臨終に苦に逼られ、善知識がいかにその心を慰めようとしても、仏を念ずる状態にはなりえない、愚人の往生についてである。そこで善知識は、この凡愚にただ阿弥陀仏の名号の功徳を語り、名号を称えさせて、一心に浄土への往生を願わしめる。そこで本願文の「十念」と、成就文の「聞名」の思想が、ここで同時に語られることになるが、曇鸞はかかる解釈によって、この愚人の往生の可能性を明らかにしているのである。さればここにみる曇鸞の最大の関心事は、臨終の苦悩に苛まれている凡愚に、いかにして、一心に浄土を願う心が生じるか、ということであったといわねばならない。つまるところ、善知識によって、名号の功徳を聞かしめられ、名号を称えさせられて、必死に往生を願わしめられる。そのようななかで、一切の雑念が除かれて、決定心による「一心願生」の念の相続が、凡愚の臨終に、ほんのわずかであれ生じる。その心無他想の念の相続を、曇鸞は「十念」だと解したのである。

道綽は『安楽集』で、末法の時代、凡夫が仏果に至るには、本願の十念の念仏によるしかないことを明かす。では十念の念仏とは、いかなる念仏か。念仏一般のなかで、この浄土教の念仏が、ある特殊性を持っていたために、道綽は『安楽集』で二度、「念の相状云何」という問いを発し、いずれも譬喩を通してその「念」の相状を説明している。一は、第一大門第四の「宗旨不同」にみる「伊蘭林と栴檀」の喩えであり、二は、第二大門第三の「広施問答」の第四にみる、「旅人と怨賊」の喩えにおいてである。

第一の譬喩で道綽は、凡夫が仏果に至るための、行道の念仏について、凡夫は、智慧によって真如の法を念ずることも、また称念や観念によって仏の相好を念ずることもできない。ただ念仏三昧によるしかないとして、次のような譬喩を示す。例えば、四十由旬四方の伊蘭林に、一本の牛頭栴檀が有るとする。栴檀はいまだ土地に芽を出していない。この伊蘭林は臭いばかりで、香りはまったく無い。もし人がこの花や果を口にすれば、発狂して死んでしまう。しばらくして栴檀の根芽がようやく成長し、「纔かに樹と成らんと欲す」。すると香気がたちまち四方にただよい、この伊蘭の林を改変し、すべて香美にして、見る者をして、皆希有の心を生ぜしめる。この念仏の念とは、このような心であって、「ただよく念を繋けて止まなければ」、必ず仏前に生じる。一たび往生を得ば、一切の諸悪は直ちに改変されて大悲心となるが、それはあたかも、彼の香樹が伊蘭林を改めるようなものである。ここで「伊蘭林」が「衆生身内の、三毒・三障・無辺の重罪」に喩えられ、「栴檀」が「衆生の念仏の心」に喩えられる。また「纔かに樹と成らんと欲す」とは、一切の衆生が「ただよく念を積みて断えざれば」、必ず業道成弁することを

明かす。(22)

　さればこの喩えにおいて、「ただよく念を繫けて止まない」と「ただよく念を積みて断えない」とは、同一の内容になり、ここから「ただひたすら、一心に思い続ける」という意が導かれる。しかもその「一心に思う心」とは、梅檀が「纔かに樹と成らんと欲する」意と重なり、その念の相続は、「往生を得」と結ばれている。とすれば、この「樹と成らんと欲する」とは、衆生においては、「浄土に往生したいと願う心」だと解される。すなわち道綽がここに意味する「念仏三昧」の念仏とは、衆生が一心に浄土に生まれたいと念ずる心であったのである。

　第二は、十念往生を問題にする箇所で、凡夫は「十念の相続」によって往生するが、その相続の時間については、「ただよく念を積み」思いを凝らして他事を考えなければ、その業道は自ずから成就するとする。そこでその勧めにしたがって、その十念を行じようと欲するが、いまだその「念ずる心」を知らない。一体、どのような念の状態に似ているのかと問い、その答えのなかで、次のような譬喩が出されるのである。

　例えば人が、人里の離れた広野で、怨賊が刀を抜き、殺そうと襲いかかってくるような場に、遭遇したとする。この人は直ちに走って逃げるのだが、一つの河を渡らなければならないことを知る。この人は、いまだ河に至らない時に、次のような「念」をなすはずである。「自分は河の岸に至った時、衣を脱いで渡ればよいであろうか。衣を着たままで泳ごうか。衣を脱ごうとしても、おそらくその暇はないだろう。衣を着たままであれば、おそらく泳ぎきれないだろう」と。ところでこの時、この人は、一心にさまざまな思案をめぐらせ、河を渡る方法を求めるのであるが、この人の「念」はただ一つ、河を渡りたいとの願いのみであって、それ以外の心想は、この心には、何一つ間雑することがない。十念の行者もまったくそのとおりである。阿弥陀仏を念ずる時、ちょうど、かの人が河を渡ることのみを念じ、その念のみが相続して、余の心想が間雑しないように、まさに念ずればよい。あるいは、仏の法身を念じ、仏の神力を念じ、仏の智慧を念じ、仏の毫相を念じ、仏の本願を念じる。名号を称する場合も同じである。重要なことは、かの人が一心に河を渡りたいと念ずるごとく、行者もただよく専至に、浄土に往生したいとの念を相続して断えなければ、必ず仏前に生じる(23)。

道綽はこのように、ある種の「念仏三昧」について、譬喩を通してその「念」の相状を説明する。それはこの「念」が、ある特殊な心の状態を指しているからだとみなければならない。念仏三昧といえば、通常は、観念とか憶念とか称念といった想念を、私たちは思い起こす。だがそうであれば、このような譬喩は必要ではない。ここでことに、譬喩を通して「念」の相状が語られたのは、この念仏が、浄土教独自の、臨終における「一心の願生」を意味していたからだと考えられる。かくてこの念仏三昧を、道綽は『無量寿経』第十八願の「十念」の意に解し、末法の凡夫が仏果に至れる道は、ただこの浄土の教えによるしかないとし、弥陀の本願こそ、極悪の凡愚をも救うのだと、第十八願に『観経』「下下品」の思想を重ねて、

若し衆生ありて、たとひ一生悪を造れども、命終の時に臨みて、十念相続して我が名字を称せんに、若し生ぜずは正覚を取らじ(24)。

と、本願を取意する。かくて道綽は、凡夫の往因を「若しよく作意し回願して西に向かへば、上一形を尽し下十念に至るまで、皆往かざるはなし」と結論づけるのである。

このようにみれば、曇鸞も道綽も、『無量寿経』の十念思想を、真実清浄の心で一心に往生を念ずるという、願生心の相続の意に解していたことが知られ、『安楽集』冒頭の言葉、「信を勧め往を求めしむ」によっても明らかなように、結局、当時かかる「願生心」が、浄土教で最も重視されていたと考えられるのである。だからこそ摂論学派が、この浄土教の中心思想に論難を加えたのであり、それが教えの根源に関わる論難であったが故に、浄土教が

根底より、大きく動揺せしめられたのである。

もちろん浄土教の十念思想は、摂論が言うがごとき、単なる願生を意味するものでも、また単なる願生を、浄土教者が「往因」としていたのでもない。すでに曇鸞の「三在釈義」で明かされているように、その心は真実清浄であり、しかも一心に称名する決定心より生じた、往生を願う心だといわねばならない。ただし「十念」という言葉を押さえて、それは「願生」を意味しているのではないかといわれれば、そうだとしか答えようがない。しかも『無量寿経』の第十八願には、「至心に信楽して我が国に生まれんと欲ひて、乃至十念せん」としか述べられていない。やはり仏は凡夫のために、第十八願で「唯願無行」による往生を教説しているのであるから、摂論学派からみれば、当然「別時意」だとみられることになるのである。

ここに浄土教徒の苦渋があり、道綽はそれに答えるために、十念を唯願と認めつつ、極悪の凡愚の心に、臨終、十念が生じたのは、その凡夫が過去世に善行を積んでいたからだと、過去世の「善行」に今世の「願生」を加えて、「願行具足」の説を打ち出し、さらに第十八願意を、「十念相続しつつ、称名念仏して往生する」と解釈して、現在における「願行具足」を強調したのである。だが道綽のこの説は、摂論の論難を徹底的に打破するには至らなかった。

四　善導の往因思想

善導は、自らの往生行をどのように捉えていたのであろうか。『往生礼讃』の序に説かれる、次の「安心・起行・作業」が、この行を体系的に最もよく示している。

問て曰く。今人を勧めて往生せしめんと欲せば、未だ知らず、いかんが安心・起行・作業して定んで彼の国土に往生することを得るや。答て曰く。必ず彼の国土に生ぜんと欲せば、観経に説きたまふが如きは、三心を具して必ず往生を得。何等をか三と為す。一には至誠心……。二には深心……。三には回向発願心……。此の三心を具すれば、必ず生ずることを得るなり。若し一心も少《か》けぬれば、即ち生を得ず。観経に具に説くが如し、まさに知るべし。又天親の浄土論に云ふが如し。若し彼の国に生ぜんと願ずること有らん者には、勧めて五念門を修せしむ。五門若し具すれば、定んで往生を得。何者をか五と為す。一には身業礼拝門……。二には口業讃嘆門……。三には意業憶念観察門……。四には作願門……。五には廻向門……。五門既に具しぬれば、定んで往生を得ん。一一の門、上の三心と合して、随ひて業行を起せば、多少を問はず、皆真実の業と名づくなり。まさに知るべし。又勧めて四修の法を行ぜしめて、用て三心・五念の行を策まして、速に往生を得しむ。何者かを四と為す。一には恭敬修……。二には無余修……。三には無間修……。（そしてこのそれぞれの行を）畢命を期と為して誓ひて中止せざる。即ち是れ長時修なり。(25)

すなわち、安心とは、『観経』「上品上生」にみる「至誠心・深心・廻向発願心」の三心であり、起行とは、『浄土論』の「礼拝・讃嘆・観察・作願・廻向」の五念門であり、四修とは、善導による「恭敬修・無余修・無間修・長時修」の四種の行の心構えである。ではこの安心と起行と作業の関係はどうなっているのだろうか。まずこの文に「四修の法を行ぜしめて、もって三心・五念の行をはげます」とあり、また『法事讃』には、「三因・五念、畢命を期と為して、正しく四修を助として(26)」と説かれていることからみて、四修の作業によって、はじめて三心と五念の行が、よく修せられることが知られ、さらに、この『往生礼讃』および『観経疏』に、「五門相続して三因を助く(27)」という文がみられることより、起行である五念門行の相続によって、最終的に、真実清浄の三心が完成されるとされている。されば善導の往生思想は、安心である三心に、まさに往因をみるのであるが、その三心は、起行の相続によって、はじめて成就されるのであり、しかもその起行は、作業という四修の行によって、ただよく相続されるという構造になっているのである。

ところで、この安心・起行・作業の内実を窺うに、各々は大きく重複するのであって、結局は、一心に浄土に生まれたいと願う心を成就するための、一つの流れになってしまう。すなわち作業とは、恭敬心をもって阿弥陀仏を礼拝し（恭敬修）、専ら弥陀一仏の名号を称し、弥陀を念ずる以外の余業を雑えず（無余修）、ただ五念門行のみを心心に相続して、他の行をこの間に入れない（無間修）、そしてこれらの行を臨終の一念まで、誓って中止することなく行じつづける（長時修）ことであるが、この一心に弥陀の各号を称えつつ、五念門行を修することが、そのまま起行の内実になっているからである。では起行とは何か。一心に専ら恭敬心をもって、阿弥陀仏を礼拝する（身業礼拝門）。意を専らにして、阿弥陀仏の身相・光明・国土の一切の宝荘厳を讃嘆する（口業讃嘆門）。意を専らにして、『観経』に説かれているごとく、国土の荘厳を念観する（意業憶念観察門）。真実心の内に発願して、かの国土に生まれたいと願う（作願門）。自作の善根および所作の善根をかの国に廻向する（廻向門）、の五門の行で、その中心はまさに、真実心の内に発願して、かの国に生まれたいと願う心だと窺え、そしてこの心がそのまま、安心として説かれる「三心」に重なるのである。

さてこの五念門行について、善導は「天親の浄土論に云ふが如し」と述べるが、すでに知られているように、思想的に、両者の間には、根本的ともいうべき、大きな違いが見られる。天親の『浄土論』では、五念門行が「礼拝・讃嘆・作願・観察・廻向」と順序されているが、善導はその作願と観察の順を入れ替えて、五念門行を「礼拝・讃嘆・観察・作願・廻向」と次第しているからである。この両者の違いを一般的には、菩薩道としての五念門行が、凡夫相応の五念門行として捉えられ、「やがてそれが五正行構成への有力な足場」となるのだと解されている。だがどこに根本的な違いがあるかについては、いわゆる宗学的説示が多くなされて、かえって焦点が曖昧になってしまっている。

天親の五念門行の中心は「観察」にあるが、この観察を天親は、「云何が観察する。智慧をもて観察し、正念に彼を観ず。如実に毘婆舎那を修行せんと欲するが故に(28)」と説く。智慧によって、実相の法としての、浄土の真実を明らかに見ることが、この観察の意になるのである。だからこそ正念に観をなさしめるための心が重要なのであって、その心を成就するための行が、礼拝と讃嘆と作願になる。これが、心を一つの対象に注ぎ、散乱した心を止め、静かな心の状態に導く、奢摩他と呼ばれる行道である。帰依の心で阿弥陀仏を礼拝し、阿弥陀仏の光明智相と一体となるべく、名号を讃嘆し、願いを一つの心に統一させて、必ず阿弥陀仏の浄土に往生するのだと念じつづける。その寂静の心が、ここにいう「観察」を可能ならしめているのである。

善導の五念門行の中心は「作願」である。では、この作願はいかにして成就するか。天親の場合は、阿弥陀仏の浄土が、広略相入されて、畢竟、真実清浄なる真如の法とみられている。だかこれに対して善導の場合は、どこまでも、『観経』に説かれる浄土が重視されている。この経説による阿弥陀一仏を、恭敬心をもって一心に合掌礼拝し、この経が明かす、仏と国土の、身相・光明・一切の宝荘厳を一心に讃嘆しつつ、意を専らにして、かの仏と浄土の荘厳を、そのごとく憶念観察する。この身業の礼拝、口業の讃嘆、意業の観察によって、『観経』に説示する、阿弥陀仏とその浄土が、まさしくそのごとく、行者に念観せしめられるのである。さればこそ、ここにはじめて、真実心のうちに発願して、かの浄土に生まれたいと願う、「作願」の心が成就するのである。

さて、天親の五念門行は、かくのごとく、観察による智慧の完成がその中心であるが、この智慧は慈悲を離しては成り立たない。智慧によって、必然的に、一切の衆生と共に浄土へ往生しようとする慈悲の実践がなされる。この五念門行が菩薩道でありうるのは、かく観察による智慧と、廻向による慈悲の実践道であったからである。一方、善導の五念門行は、礼拝、讃嘆、観察の行によって、真実清浄の心で往生を念ずる、願生心が求められているのである。それ故に「作願」が、善導五念門の中心行になるのであるが、その作願の決定心が、廻向門にほかならない。いわば、四修および起行で積重した、善根功徳の一切を、衆生と共有して浄土に廻向する。その廻向によって、さらに浄土に往生したいという「作願」が、より強固になると考えられる。かくて、善導による凡夫相応の五念門行が、ここに明かされたことになるのである。

では安心と起行はいかに関係しあうのだろうか。すでに論じたごとく、安心と起行と作業は、各々が独立した、別個の行法なのではなくて、往生の正因である安心を、成就せしめるための行が、起行なのであり、その起行をよく相続せしめるための心構えが、作業である。したがって、安心・起行・作業の内実は一貫しているのであり、三者は常に重なっているとみなければならない。ただ阿弥陀一仏を、恭敬心をもって礼拝し、その仏の名号のみを称え、五念門行以外の行をなさず、臨終の一念までこの行を相続する（作業）。その五念門の実践とは、身業に阿弥陀仏を礼拝し、口業に弥陀と浄土の荘厳を讃嘆し、意業にその弥陀と浄土を憶念観察する。かかる身口意業によって、光明に輝く弥陀と、『観経』に説かれる浄土の荘厳が、まさにそのごとく、心に憶念されることになるが、ここにはじめて、まさしく真実心をもって往生を願う作願の心が生じ、かくて所作の善根の一切を廻向して、一心に往生を願う（起行）。されば安心の「三心」は、この五念門行によって、それぞれの心が成就されることになるといわねばならない。

三心とは、至誠心と深心と廻向発願心である。まず、至誠心について善導は、「凡そ三業を起さば、必ずすべからく真実なるべし。故に至誠心と名づく」[29]という。その三業とは、五念門行の身口意の三業を指していることはいうまでもない。すでに「起行」で明かされているように、阿弥陀仏に対するただ一心恭敬の、礼拝と讃嘆と憶念観察の行が、ただよく真実の願生心を生ぜしめるのである。だからこそ善導は、この至誠心を「真実心」と解釈する。では深心とはいかなる心か。「二には深心。是れ即ち真実の信心なり」[30]と述べるが、この真実の信心が、至誠心によって起こされるのであるから、この心はまさに願生心だといえる。では衆生の心に、いかにして真実の、一心の願生が生じるのであろうか。

ここで、いかなる心が、衆生をして真に浄土を願わしめるかを考えればよい。されば必然的に、二つの心が求められる。一は、自分の今の迷いの姿を、他は、その迷いが、いかにして破れるのかを、知る心である。この点を善導は次のように語る。「自身は是れ煩悩具足する凡夫、善根薄少にして三界に流転して火宅を出でずと信知し、今、弥陀の本弘誓願、名号を称すること下十声一声等に至るに及ぶまで、定んで往生することを得と信知する」。すなわち、自分が煩悩具足の身である以上は、いかに仏道に励んでも、真に仏道を為しうる善根はきわめて少なく、絶対にこの火宅の世界から逃れられずして、永遠に三界を流転しつづけねばならない。かかる自分を深く信知することによって、はじめて、この私の救われる道が、真剣に願われるのである。しかもこの私に、いま阿弥陀仏の本願の、その凡夫こそを、浄土に往生せしめるという教えが聞こえたのである。それ故に、その阿弥陀仏の本願を深く信じ、一心に称名念仏すれば、必ず往生することができると信知するのである。

ここに深心から廻向発願心に転ずる必然性が顕になる。二種の心を深く信じるということは、自らの善根の一切を廻向して、一心に往生を願う心にほかならないからである。そこで善導は「此の三心を具すれば必ず生ずることを得る。若し一心も少けぬれば、即ち生を得ず」[31]と、安心を結ぶ。ところで善導はこの深心釈において、「弥陀の本弘誓願」という言葉を出し、ここに本願の思想を導くのであるが、その本願に応じる行道が、「安心・起行・作業」である。だからこそ釈尊および諸仏もまた、衆生に対して、称名念仏を勧め、西方の浄土を願わしめていると、

弥陀世尊、本、深重の誓願を発して、光明・名号を以て十方を摂化したまふ。但、信心をもて求念すれば、上一形を尽くし下十声、一声等に至るまで、仏願力を以て、易く往生を得。(32)

と述べ、この弥陀の本願を、『往生礼讃』の「後述」で、

無量寿経に云ふが如し。若し我成仏せんに、十方の衆生、我が名号を称すること、下十声に至るまで、若し生ぜずば、正覚を取らじ。(33)

と解釈する。すなわち善導は、阿弥陀仏は本願に、弥陀の名号を少なくとも十声称えれば、その者を浄土へ往生せしめると誓っている。それ故に、恭敬心をもって、一心に往生を願い、称名念仏すれば、仏願力によって必ず往生すると、弥陀の本願と衆生の往因の関係を捉え、この称名念仏と一心願生の決定を、安心・起行・作業の論理を通して体系づけたのである。

以上を要約すれば、次のようになる。

一、安心と起行と作業は一連の行業であって、一つ一つが独立しているのではない。
二、作業が起行を助け、起行が安心を助ける。
三、作業の、恭敬修と無余修と無間修と長時修によって、はじめて起行が可能になる。起行とは五念門行であるが、恭敬心をもって一心に弥陀の名号を称えつつ、身業に弥陀を礼拝し、口業に弥陀の光明とかの浄土の功徳を讃嘆し、意業にその荘厳を憶念観察する。ここにはじめて、真実浄土に生まれたいという、作願が生じる。

そしてその作願心こそ、己の一切の善根功徳を浄土へ向けて、往生を願う廻向心となる。

四、この五念門行が、そのまま、安心の三心と重なる。一心の礼拝と讃嘆と憶念観察の行が、よく至誠心を作るのであり、作願が深心を決定せしめ、廻向が廻向発願心そのものであるからである。

五、されば安心が往生の因ではあるが、この三心は、起行によって成就されるのであり、その起行は、作業によってのみ、よく相続せしめられるのである。

六、そしてその安心とは、つまるところ、真実心をもって、深く本願を信じ、一心に称名念仏を称え、浄土に生まれたいと願う心となる。

七、ではなぜ称名念仏が、ことに重視されるのか。

八、阿弥陀仏は本願に、我が名号を十声称える者を、往生せしめると誓っているからである。

五　弘願と要門

善導は『観経疏』の「後跋」において、「某、今、この観経の要義を出して、古今を楷定せんと欲す」と述べ、さらに最後に、自分は末代の人々に対して、真の善知識となって、自分と同じく西方の浄土に帰せしめ、ともに仏道を成じようと願っている。したがってこの書に対しては、「一句一字も加減すべからず。写さんと欲するものは、もっぱら経法の如くせよ(34)」と結ぶ。善導はこの著において、阿弥陀仏の浄土への往因の思想を大成させ、理論的に体系づけたのである。ただしこのような、確信に満ちた理論を導くためには、それを裏づけるための、確かな実践道が、先に確立していなければならない。その実践によってまさに浄土への往生が覚知されたが故に、かかる確固たる理論がここに打ち立てられたのである。現存する善導の著述は、『観経疏』（四巻）、『法事讃』（二巻）、『観念法門』『往生礼讃』『般舟讃』の五部九巻で、この成立順序に関しては、種々の説がみられるが、[35]『観経疏』に「讃に云はく」と『往生礼讃』の文を引用しているから、『往生礼讃』から『観経疏』への流れは動かしえない。この点よりみても、『往生礼讃』によって確立された、安心・起行・作業の実践行が、『観経疏』において、より思索され、往因の深遠なる理論体系が、ここに導かれたと考えられる。

『観経疏』は「帰三宝偈」にはじまる。その冒頭で善導は、

道俗時衆等、各無上心を発せ。生死甚厭ひ難く仏法また忻ひ難し。共に金剛の志を発して横に四流を超断すべし。弥陀界に入らんと願じて、帰依し合掌し礼したてまつれ。[36]

と表白する。道場に参集している出家・在家の人々に対し善導は、「無上心を発起せよ」と、自分とともに、阿弥陀仏の浄土に往生することを願わしめる。末法の凡夫にとって、迷いの因の一切を断ち切るためには、弥陀界に入る以外はありえないからである。そこで、

我等愚痴の身、曠劫よりこのかた流転して、今釈迦仏の末法の遺跡、弥陀の本誓願、極楽の要門に逢へり。定散等しく廻向して、速やかに無生の身を証せん。[37]

と、無始より今日まで、常に迷いの世界を流転しつづけてきた私たち凡愚が、今、釈迦仏の末法の時代において、唯一仏果に至ることができる釈尊の教法、阿弥陀仏の「弘願」と、その本願に応じて必ずその浄土に往生することができる「要門」の教えに出遇った。だからこそこの教えにしたがって、速やかに無上の証果を得ようではないかと述べるのである。

では弥陀の「弘願」とは何であり、釈尊が説く「要門」とは、どのような教えなのだろうか。[38] この点が「帰三宝

偈」につづく「序題門」で、次のごとく明かされる。

然るに裟婆の化主その請に因るが故に、即ち広く浄土の要門を開く。安楽の能人は別意の弘願を顕彰したまふ。その要門とは即ちこの観経の定散二門是なり。定は即ち慮を息めて以て心を凝らす。散は即ち悪を廃して以て善を修す。この二行を廻して、往生を求願す。弘願と言ふは大経に説きたまふが如し。一切善悪の凡夫生ずることを得るものは、皆阿弥陀仏の大願業力に乗じて増上縁とせざるはなしと。(39)

まず「弘願」について、それは『無量寿経』に説かれる阿弥陀仏の本願を意味しているという。この阿弥陀仏の大願業力を「増上縁」とすることによって、はじめて一切の衆生の浄土往生が可能となるからで、阿弥陀仏の本願はまさしく、あらゆる衆生をひとしく救う業力であるが故に、「弘願」と呼ばれるのである。そしてこの「増上縁」に関しては、すでに『観念法門』に説かれているのであって、その「摂生増上縁」には、

摂生増上縁と言ふは、即ち無量寿経の四十八願の中に説きたまふが如し。仏言はく。若し我成仏せんに、十方の衆生我が国に生ぜんと願じて、我が名字を称すること、下十声に至るまで、我が願力に乗じて、若し生ぜずば正覚を取らじと。これ即ちこれ往生を願ずる行人、命終らんと欲する時、願力摂して往生を得しむ。故に摂生増上縁と名づく。またこの経の上巻に云はく。若し衆生有りて西方の無量寿仏国に生ずることを得る者は、皆弥陀仏の大願等の業力に乗じて増上縁と為すと。即ち証と為すなり。またこれ摂生増上縁なり。(40)

と示される。阿弥陀仏は十方の衆生に、弥陀浄土への往生を願って、少なくとも十声、我が名字を称えよ、と誓われている。この本願によるが故に、往生を願じ「南無阿弥陀仏」を称える念仏者は、願力に乗じて往生を得るのである。そしてこの弥陀の明証を、釈迦仏は『阿弥陀経』で「一日七日、一心に専ら弥陀の名を念ずれば、臨終に阿弥陀仏が諸の聖衆と来迎して、その念仏者を西方の浄土に往生せしめたもう」(41)と説き、釈尊自らも「我この利を

見るが故にこの言を説く」と語る。このことは、弥陀・釈迦二尊によって、往生を願い称名すれば、必ず本願力に乗じて往生することが、証明されたことを意味する。かく本願力を「増上縁」とする道理が、善導において『観念法門』で確立したが故に、『往生礼讃』における「安心・起行・作業」の行道が成り立ったのであり、それがさらに『観経疏』における「弘願」の思想へと展開したのである。

では「要門」とは何か。「この観経の定散二門是なり」といわれ、「定」に関しては、思いをとどめて心を専ら一つの対象に注ぐことだとされるが、これを可能ならしめる実践行が『往生礼讃』で具体的に次のごとく説かれる。

一行三昧を明かさば、唯独り空閑に処して諸の乱意を捨て、心を一仏に係けて相貌を観ぜず、専ら名字を称すれば即ち念の中に於て、彼の阿弥陀仏及び一身の仏等を見たてまつることを得と。問ひて曰はく。何が故ぞ、観を作さしめずして、ただ専ら名字を称せしむるは、何の意か有るや。答へて曰はく。乃ち衆生障り重くして、境は細にして心は粗なるによりて、識颺り神飛びて、観成就し難し。ここを以て大聖悲憐して、ただ勧めて専ら名字を称せしむ。正しく称名は易きによるが故に、相続して即ち生ずと。(42)

末法の凡夫にとって、阿弥陀仏を観想する行道は、ただ称名念仏一行しかないとするのである。これよりみれば、『観経疏』に明かされる善導の「定善十三観」もまた、称名念仏の実践であったとみなければならない。

さて、定善の中心は、第九「真身観」にあることはいうまでもない。この観想によって阿弥陀仏の真身を観察するのだからである。ところで『観経』の「第九観」には、阿弥陀仏が八万四千の光明を放ち、その「一一の光明、遍く十方世界を照らしたまふ。念仏の衆生をば摂取して捨てたまはず(43)」と説かれるのであるが、ここで善導は、阿弥陀仏の光明は遍く十方世界を照らしたまうのに、なぜ念仏の衆生のみを摂取するのかを問う。そしてこの疑問に答えて、念仏には「親縁・近縁・増上縁」の三義があり、他の諸善に比してことに功徳が勝れているから、諸経の

処々で広く念仏のはたらきを讃めているのだとして、

無量寿経の四十八願の中の如きは、唯専ら弥陀の名号を念じて生ずることを得と明かす。また弥陀経の中の如きは、一日七日専ら弥陀の名号を念じて生ずることを得と。また十方恒沙の諸仏の証誠虚しからずと。また此の経の定散の文の中に、唯専ら名号を念じて生ずることを得と標せり。此の例一に非ず。広く念仏三昧を顕し竟りぬ。(44)

と述べる。善導のこの文は、直接的には称名念仏の功徳を明かしているのであるが、この称名が「定善」の行として説かれる場合は、それはやはり心を統一し観仏する、「息慮凝心」のための称名であることは明らかである。

では「散」とはいかなる行か。「悪を廃し善を修す」行であって、「散善三観」に説かれる九品往生の行がそれである。さればここで「上品上生」と「下品下生」の行が特に注意される。散善の願生者として「上品上生」が最高位であるから、散善の念仏者はすべからくこの往生を願うべきであり、「下品下生」が最下位であるならば、これ以下の往生はありえないからである。その散善の行について、善導は「散善義」の冒頭で、「三輩散善一門の義を解す。此の義の中に就きて、即ちその二有り。一には三福を明かして以て正因と為す。二には九品を明かして以て正行と為す(45)」と説いている。散善の行の基本は、世福・戒福・行福の三福の実践にあり、この善を為しつつ、九品それぞれに課せられた往生行を、修することが求められる。「上品上生」の往因行は、当然のことながら、日常において三福の善を守りつつ為される行道であり、逆に「下品下生」は、三福の一つ、世福さえ為しえない極悪人の往生行ということになるのである。

では「上品上生」の往生を願う者にとって、いかなる行が求められることになるのだろうか。この点に関して善導は「正しく三心を弁定して以て正因と為すことを明かす(46)」と述べているから、「至誠心・深心・廻向発願心」の三心をいかにして成就するか、その三心成就の行が、上品上生の根本行だといえる。そしてその「至誠心」成就の行として、安心と起行が求められており、しかも「上品」の結びに、「五門相続して三因を助く」の語を見る。『往生礼讃』で確立された往因行、安心（三心）と起行（五念）と作業（四修）は、『観経疏』でもそのまま用いられ、往生の実践行とされているのであり、この三者は、四修が五念を助け、五念が三心を助けるという関係に置かれていた。これら三者は、別個の独立した行業ではなくて、深く、関係しあって、最終的に「安心」を成就せしめるべく、行ぜられたのである。

すでに論じたように、四修とは、恭敬心をもって阿弥陀仏を礼拝し、専ら弥陀の名号を称えつつ、五念門行を行じつづけることであり、起行とは、その五念門行を通して安心を確立する。そしてその五念門中の、礼拝と讃嘆と観察、すなわち身業・口業・意業による自利真実の行によってよく「至誠心」を、さらに作願によって「深心」を成就するのである。その深心とは、浄土に生まれたいと願う決定心にほかならないから、深心の成就は必然的に「廻向発願心」となる。この心はそのまま、五念門中の「廻向」であることはいうまでもない。されば安心の三心は、いかにして深心を成就するかにあるといわねばならない。

さて深心とは深く信じる心で、それに二種ありとされる。すなわち、機の深信・法の深信と呼ばれる「二種深信」であって、次のごとく説かれるのである。

一には決定して深く、自身は現に是れ罪悪生死の凡夫、曠劫より已来、常に没し常に流転して、出離の縁有ること無しと信ず。二には決定して深く、彼の阿弥陀仏の四十八願は衆生を摂取したまふ。疑ひなく慮りなく彼の願力に乗じて定んで往生を得と信ず。(47)

この二種の内、第二の「法の深信」が重要なのであって、いかにして阿弥陀仏の本願力を「無疑無慮」に信じられるかがここで問われているのである。善導はこの信の成就について、「就人立信」と「就行立信」という二種の行を立てる。前者は釈尊の教法によりてということであり、そして後者で「五正行」が示される。前者で強調されるのはわれわれ仏道者にとって、真実信じられる教法は、ただ一つ、釈迦仏の教えであって、他の教えを信じてはならないとし、ことに『無量寿経』『観経』『阿弥陀経』の念仏の法を信ぜよとされる。なぜなら弥陀は深重の本願を発起して、光明・名号をもって念仏の衆生を摂取したもうているからで、それ故に「ただ専ら弥陀の名号を念ぜよ」との法の真理を示す、この三つの経典が重視されるのである。そしてこの「就人立信」を受けて、まさしく安心を成就するための具体的な実践の行道が「就行立信」となる。ではいかなる行がここで求められるのか。

読誦・観察・礼拝・称名・讃嘆供養の五つの行を、善導はまさしく「安心」を得るための正行とし、その他の行を雑行とする。しかしてこの「正」をまた、

また此の正の中に就きてまた二種有り。一には一心に専ら弥陀の名号を念じて、行住坐臥に時節の久近を問はず念念に捨てざるは、是を正定の業と名づく。彼の仏願に順ずるが故に。若し礼誦等に依らば、即ち名づけて助業と為す。此の正助二行を除きて、已外の自余の諸善は、悉く雑行と名づく。(48)

と二つに分け、ここでもまた称名念仏一行が導かれ、この行こそが阿弥陀仏の本願に順ずる行であるが故に、安心を決定せしめる正定の業だとされるのである。

されば「上品上生」で求められている往因行は、まさに称名念仏一行になるが、ただしこの称名念仏は、定善の行である、「息慮凝心」して仏を見るための称名ではない。また後の日本浄土教にみられる法然・親鸞の称名念仏とも、本質的に異なっている。三福を行じ、「恭敬・無余・無間・長時」の四修を通し、五念門行を行じつつ、「至誠心・深心・廻向発願心」の三心を成就する。いわば「疑いなく慮りなく」弥陀の本願を信じて、まさしく往生決

定の心を得るべき、称名念仏だといわねばならないのである。

では「下品下生」において、いかなる往因行が求められているか。『観経』ではこの下品下生者を、五逆・十悪の不善業を作りたる愚人だとして、その臨終を、

この愚人は悪業のゆえに、無窮の苦を受けることになるが、臨終に、たまたま善知識の念仏を勧める教えに出遇う。だが愚人苦に苛まれて、念仏する状態ではない。そこで善知識はその愚人に、「汝若し念ずるに能はざれば、まさに無量寿仏と称すべし」と告げる。かくて愚人はその勧めに従って、「心を至して声を絶えざらしめて、十念を具足して南無阿弥陀仏と称し、仏名を称するが故に、念念に八十億劫の生死の罪が除かれ、命終る時、金蓮華を見て、その瞬間に、極楽世界に往生することを得る。(49)（大意）

と説くのであるが、善導はこの『観経』の、「愚人」より「生死の罪を除く」までの意を、「正しく法を聞き仏を念じて現益を蒙ることを得ることを明かす。即ちその十有り」として、次のごとく解釈する。

四には善人安慰して教へて仏を念ぜしむることを明かす。五には罪人死苦来り逼めて、仏名を念ずることを得るに由無きことを明かす。六には善友苦しみて失念すと知りて、教を転じて口に弥陀の名号を称せしむることを明かす。七には念数の多少、声声間なきことを明かす。八には罪を除くこと多劫なることを明かす。九には臨終正念にして即ち金華来応することあることを明かす。(50)

さて、この解釈からも知られるように、「下品下生」の往因行もまた、称名念仏一行であることは明らかである。ではその称名とは、いかなる称名なのだろうか。ここに下下品の愚人が、臨終において苦悩に苛まれている。そこに善知識が来て念仏することを勧める。だがこの愚人は、苦悩の故に、仏を念じることができるような状態ではない。そこで善知識は愚人の失念の心を知り、教えを転じて、ただ「南無阿弥陀仏」と称えよと告げる。この善知識

の諭しに励まされて、愚人は必死に救いを求めて、ただひたすら、南無阿弥陀仏を称えつづける。今、その数の多少は関係がない。必死に、仏名を絶え間なく称するが故に、その一声一声に八十億劫の生死の罪が滅せられ、愚人は臨終に正念に住して、その瞬間に弥陀の浄土に往生することを得る。善導の『観経』「下下品」にみる、愚人往生の解釈であるが、ここで「念仏」について、『観経』の原意と善導の解釈にある違いがみられる。原文では、

此の如きの愚人、命終の時に臨みて、善知識種種安慰して為に妙法を説き教へて念仏せしむるに遇はん。此の人苦に逼られて、念仏に遑あらず。(51)

と表現されているところであるが、この「念仏」を善導は「仏名を念ずる」と「称名」の意に解しているからである。『観経』における「念仏」の意は、後の「称名」と対比して、仏を念じえない者に対する「称名」であるから、この念仏はどこまでも、観念・憶念・意念等の意に解すべきだと考えられるのである。ところがその念仏をも、善導は仏名を念ずると、称名と解してしまう。ではこの二種の称名は、どう関係しあうのか。

ここで私たちは善導の称名思想の独自性に注意しなければならない。善導は確かに、末法の凡夫の念仏を「称名」という一行で捉えているが、ただしその称名が、あるいは定善の称名、あるいは上上品の称名と、それぞれがそれぞれの資質に応じた称名念仏が求められているのであって、定善の称名は「息慮凝心」して仏をみるための称名であり、また上上品の称名は、三福を修し、心を清浄にして、安心を得、往生決定の心を成就せしめる称名であったのである。このようにみれば、善導の称名思想は、各々が自分の能力にかなった称名を修し、基本的には、自らの心を清浄にして、一心に往生を願う称名であるといわねばならない。ただしそのなかにあって下品者は、心を清浄にすることの不可能な状態に置かれている。苦悩に苛まれ心が顛倒しているからである。とすれば、この者にとって可能な称名は、ただ口に南無阿弥陀仏を称えること、それ以外にはありえない。そこで善知識はこの愚人に

対して、最初は心を鎮め清浄にすべき称名を勧めながら、その不可能性を知ると同時に、教えを転じて、何ら条件をつけず、ただひたすら必死に南無阿弥陀仏を称えよと告げ、阿弥陀仏に救われる道を教えたのである。

さて善導は「散善義」「流通分」の終わりで、『観経』の「仏阿難に告げたまはく、汝好く是の語を持て。是の語を持てといふは、即ち是れ無量寿仏の名を持てとなり(52)」を、

正しく弥陀の名号を付属して、遐代に流通せしめたまふことを明かす。上来定散両門の益を説くといへども、仏の本願に望むるに、意、衆生をして一向に専ら弥陀仏の名を称せしむるに在り(53)。

と解釈し「要門釈」を結ぶ。釈尊は『観経』で、衆生が浄土に往生するために、かならず通らねばならない「門」を示す。善導はその門に入る行道を「要門」と呼んだのである。かくて善導は『観経』の往生思想を、定善と散善の二門ありとし、定善では観仏を、そして散善において、衆生の能力に応じて、さらに入るべき門を九品に分かつ。そしてこれらのすべての衆生に共通する往因行が、「一向に専ら弥陀仏の名を称する」行だとみたのである。なぜか。阿弥陀仏は「弘願」を建立して、「若し我成仏せんに、十方の衆生、我が名号を称せんこと、下十声に至るに、若し生れずば正覚を取らじ」と、十方の一切の衆生に広く門戸を広げ、称名する衆生を必ず摂取すると誓われている。それ故に衆生は、その弥陀の弘誓に摂取されるために、「一向に専ら弥陀の名号を称する」のである。ただしその称名は、各々の衆生の能力に応じて「至心」に称えねばならない。定善の念仏者は定善の心で、上品上生の者は上品上生のごとく、また下品下生はその心に随って、ただ一心に往生を願って称名念仏する。ここに善導の弘願に応じる要門の念仏義がある。

六　善導の六字釈

さてここで再び、最初の疑問にもどる。すでに明らかなごとく、善導は弥陀の弘誓に、一切の衆生を往生せしめる、正定の業としての「十声の称名」が誓われていると信知する。かくて衆生は、この仏願に順じて称名すれば、必ず往生するという明快な道理が、善導自身に確立したのである。ところが『無量寿経』の本願には、「十声の称名」という言葉は見いだせない。第十八願文に「乃至十念」という語があるのみで、しかもこの「十念」は、『無量寿経』においても、また曇鸞や道綽の思想の中でも、「浄土に生まれたいと願う心」、すなわち願生の念を相続する、ということを意味する言葉で、それ故に、浄土教においては、その一心に浄土を願う心が特に重視され、この「決定心」に往因をみたのである。このようにみれば、阿弥陀仏の第十八願は、「願い」のみによる往生が誓われているように解されないことはない。だからこそ摂論学派はこの点を捉えて、この教えは「唯願無行」であるから、仏の「別時意」である。したがって第十八願の念仏者は、ただちに浄土に生まれることなどありえないと、浄土教徒に論難を加えたのである。

ではなぜ善導はこの「十念」の語を、「十声の称名」と聞くことができたのか。おそらく善導は、自らの仏道の実践を通して、この本願の真理に出遇ったからだといえる。だがそれが、いかに弥陀の願意による覚知だとしても、その論理に普遍的な理念が見いだせなければ意味はない。一体、「十声の称名」こそが弥陀の願意であるという確証を、善導はいかにして導きえたのであろうか。ここでいま一度、『無量寿経』から道綽に至る、凡愚の十念往生の、思想の流れを窺ってみよう。

『無量寿経』「下輩段」　……………「十念・念無量寿仏」
『観経』「下下品」　………………「具足十念・称南無阿弥陀仏」
曇鸞『浄土論註』「八番問答」……「以十念・念阿弥陀仏」
道綽『安楽集』「第三大門」………「十念相続・称我名字」

以上のような表現をみるが、本願の十念を受けて、それが凡愚の具体的な実践行となると、その「十念」に、必ず「念仏」または「称名」という行が、同時に求められていることを知る。この場合、「十念」と「念仏・称名」は同義語ではない。言語的意味からみても、また行道として捉えても、両者を同一視すべきではなく、概念を異にする言葉として、明確に分けねばならない。そこでこの両者のはたらきを時間的に捉えれば、「十念を具足して称名する」「十念を以て念仏する」「十念を相続して名を称える」となっているから、「十念」という行為が先になされ、それにつづく「念仏・称名」によって、往生が決定するという構造がみられ、その十念が「往生を念ずる」という、願生心相続の意であったのである。

ところで曇鸞・道綽は、無仏・末法時代の凡夫の行道として、称名行を非常に重視し、ことに『観経』「下下品」の教示を受けて、その願生心を決定させるための称名行をここに求めて、「一心に南無阿弥陀仏を称え、弥陀の浄土への往生を念じつつ、称名を相続する」ことが、凡夫の往因行だと説いたのである。しかも道綽はこの往因の思想こそ、『無量寿経』の第十八願の意だとして、本願に「いかなる悪人でも臨終に、十念相続して我が名を称せば、必ず往生する」と誓われているのだと、その意を取る。このようにみれば、たとえその者が下下品の衆生であっても、彼は称名を行じているのであるから、この者の往因は、摂論学派が主張するような「唯願無行」では、ありえない。ただしこの「十念と称名」を往生の二要因だとして、この内、いずれに往生の決定があるかといえば、本願文よりみて、やはり往生を願う心だといわねばならない。しかも「第十八願」には、十念の語しかみられないとすれば、摂論からの論難は、当然、起こるべくして起こったと考えられる。だがこの論難があったからこそ、善導はこの一点、「十念と称名」の関わりを、自らの全人格をかけて、一心に思索しつづけたのである。

いま、浄土教徒が受けている摂論学派からの論難は、阿弥陀仏は本願に十念往生を誓っているが、そこでは往生を願う念のみが求められており、行が存在しない。故に唯願無行であり、仏の別時意だとするのである。ところで道綽は、その摂論との論諍を通して、『観経』の「下下品」と本願の重なりを見いだし、本願を取意するという、一つの新しい本願の解釈を導いた。だがそれにもかかわらず、摂論の学徒はなお「十念」に固執して、本願に称名の誓われていることを認めず、「唯願」だと主張しつづけている。

善導は道綽浄土教の影響を多大に受けているが、なかでもことに道綽の本願解釈が、善導の求道に決定的な影響を与えた、といえるのではないかと思われる。善導は「十念相続・称我名字」という本願の心に随って、一心に往生を願い称名念仏を相続して、まさに真の意味で、弥陀の本願の真実に出遇っているからである。本願と出遇うとは、往生を願う心が決定することを意味するが、では善導における往生の決定心は、いかなる行の実践によって、成就されたのであろうか。具体的には称名念仏一行においてである。ただよく仏名を称えつづけることによって、往生を願う心が決定せしめられたのであり、その決定心によって、真実、本願の真理に出遇ったのである。

本願の道理からみれば、十念往生であるから、どこまでも浄土往生を願う心が求められているといわねばならない。その往生の願いが「唯願」という論難を招いている。ところがこの「往生の願い」が、称名という行によって決定したのである。この事態を覚知した時、善導は道綽の本願観をそのごとく受け入れながら、「十念と称名」の関係を、根本的に問い直したのである。道綽までの浄土への往因思想は、どこまでも十念にあった。称名行が重視されているとはいえ、往因行としての十念と称名の関係は、十念が因であり称名が縁である、という構造に置かれている。この見方を善導は転換させて、願生心を決定せしめた「称名」という行為を、きわめて深く思索したのである。

称名とは何か。「南無阿弥陀仏」を口に称えることである。では口業としての南無阿弥陀仏とは何か。ここで善導は、この六字を次のごとく解釈する。

南無と言ふは即ち是れ帰命なり、亦是れ発願廻向之義なり。阿弥陀仏と言ふは、即ち是れ其の行なり。(54)

いま「南無」と発音しているその言葉は、「帰命」という意であり、また「発願廻向」という義である。「阿弥陀仏」と発音しているその行為が、すなわち往生の行である。すなわち善導は、「南無阿弥陀仏」と発音されている六字を、「南無」と「阿弥陀仏」に二分し、「南無」に関してはその言葉の意味を、「阿弥陀仏」に関しては、かく発音している行為そのものを問題にするのである。ここは一般に「善導の六字釈」と呼ばれている箇所であるが、もしこれが梵語の音写文字である「南無阿弥陀仏」の、単なる字義の註釈であれば、「南無」が「帰命であり発願廻向の義」だとみるのであるから、「阿弥陀仏」もまた、『阿弥陀経』に説かれているように、「光明無量であり寿命無量の義」であるとしなければならない。ところが善導は、一方では字義を述べ、他方では行為の意義を語る。これは何を意味するか。音写文字である「南無阿弥陀仏」の字義のみであれば、当時の仏教者なら当然、誰もが知っていることだといわねばならない。そこでその常識を前提として、「南無阿弥陀仏」と称えられる、その行業の義を解釈したのである。

「南無」という言葉が称えられる。その行為は阿弥陀仏に対しての、自らの帰命を表白している姿であり、一心に阿弥陀仏を信じ、その浄土に生まれたいとの願いを発起し、名号を廻向している心である。つづいて「阿弥陀仏」と称えられる。この行為は仏の名号を行じている。そしてその名号には光寿二無量の功徳が有せられているのである。だからこそ『観経』に、この仏の名を一声称せば、八十億劫の生死の罪を滅すと説かれる。善導の六字釈は、この一声の称名にみる、「願と行」の義を示しているのである。

さてここで、善導が領解したこの六字の義を、道綽によって明らかにされた弥陀の願意に重ねてみると、

道綽の本願取意の文…………「十念相続して・我が名字を称する」

善導の六字釈…………「口に十声南無・阿弥陀仏と称える」

と、本願の、十念相続の「念」が「南無」に、そして「称我名字」が「称阿弥陀仏」に重なってしまうのである。かくて善導においては、第十八願に誓われている十念相続の、「念」が「南無」に含まれてしまうから、自ずから「十念相続」の言葉が消えて、本願は「少なくとも十声、南無阿弥陀仏を称える衆生を往生せしめる」という誓いとなる。すなわち

善導の本願取意の文…………「我名字を称し・下十声に至る」

という弥陀の本願に、まさに善導は出遇ったのである。

かくて善導は『無量寿経』の第十八願の「至心に信楽して我国に生まれんと欲ひて、乃至十念せん」を「我が国に生ぜんと願じて、我が名字を称すること下十声に至るまで」と読む。このような領解は一見、願意と大きなずれを起こしているかのように思われるが、六字の釈義を通して本願を窺えば、両者はまったく重なっており、むしろ善導のこの解釈によって、今まで隠れていた弥陀の願意が、ここにはじめて顕になったといわねばならないのである。

さて、善導のこのまったく新しい本願の解釈によって、浄土教の往因思想は大きく深められ、質的な展開をみせ

る。願生心を相続するという「十念往生」ではなくて、「十声の称仏」という往生思想が確立されたからである。浄土教徒にとって従来最も重視されてきたことは、清浄なる心で淳一に、浄土に生まれたいと願うことである。天親の『浄土論』以来、曇鸞・道綽と、ただその心が求められてきた。それは善導においても同一であって、善導浄土教もまた、この心がすべてであることはいうまでもない。「安心」とは、まさにこの心を意味しているからである。ただしその心の確かさを具体的に求めようとすると、その決定はかえって不確かになってしまう。押さえどころがないからで、自分自身の中で、はたしてその心が成就しているか否か、曖昧さが残る。ことに下下品の凡愚の場合は、ただ単に浄土を願うだけということになってしまう。摂論からの論難は、かかる念仏者に向けられているのだと思われる。

善導の念仏思想は、かかる難点を完全に解決した。阿弥陀仏は本願に「十声の称名」の往生を誓い、釈迦仏もまた称名による往生を勧める。かくて南無阿弥陀仏を称えるという行為が、往因となる。そこでまず『観念法門』で、「十声の称名による往生」という、まったく新しい本願解釈を示しつつ、衆生はその本願を「増上縁」とするのだという、称名往生の道理を説き、さらに『往生礼讃』では、称名行を中心とする浄土教の具体的な実践として、安心・起行・作業という行道を明かすのである。ところが摂論学派は、弥陀・釈迦によって説かれるこの浄土の真実をみないで、『摂大乗論』と『観経』の教説を、正しく理解せず、こともあろうに錯って、下品下生の十声の称仏を問題にして、それは唯願無行で仏の別時意だと主張している。そこで善導は『観経疏』「玄義分」で、この錯りを質すとして、

今此の観経の中の十声の称仏は、即ち十願十行有りて具足す。云何が具足する。南無と言ふは即ち是れ帰命なり、亦是れ発願廻向之義なり。阿弥陀仏と言ふは即ち是れ其の行なり。斯の義を以ての故に必ず往生を得。(55)

と、摂論学派の錯りを完全に論破するのである。この六字の釈義についてはすでに述べた。では善導は摂論の主張の、何を錯りだとみて、どの点を論破したのであろうか。

むすび――「錯りて」とは何か――

冒頭でも述べたように、日本浄土教では、摂論学派の浄土教の念仏に対する「唯願無行」の論難は、浄土教の称名念仏を、彼らは「行」と認めなかったのだとしているが、これであれば、摂論の側の主張も、また善導の反論も、まったく意味をなさなくなってしまう。摂論の側からすれば、成仏別時意説で、すでに称名を明確に「行」と捉えているからで、自らが「行」といっているその「称名」を、自身で「唯願」だということはありえない。そしてよし、摂論が「称名」を行でないと主張していたとしても、もし善導がその「称名」を、単に行だと言い返しただけであれば、これは水掛け論で、無意味な論諍だといわねばならない。したがって善導の反論が、摂論の主張を根底より破ったのであれば、ここには発想をまったく異にする理論が樹立されているはずである。善導は六字釈によって称名には「願と行が具足している」という、一つの真理を導いたが、この本願のまったく新しい解釈に、普遍の真理が見られたが故に、摂論の誤謬が完全に打ち破られたのである。

摂論学派では、浄土教者の往生を、どこまでも「十念往生」と捉えていた。この場合の十念意は、往生を願う心の相続であって、それ故に唯願無行の論難を可能としたのである。この摂論の論難を受けるなかで、善導は道綽の本願取意の「十念相続・称我名字」の文より、南無阿弥陀仏に「十念」の意そのものを見いだす。かくて第十八願は、まさしく「十声の称仏」による往生を誓う本願となる。されば浄土教者は、この本願を増上縁とし、往生を願って、ただ専一に称名を称えればよい。称名は本願に順ずる正定業である。だからこそ往生は必定なのである。善導によって、かかる往生義が明らかにされたにもかかわらず、摂論の学派はいまだに、この本願の真意に気づいていていない。本願の十念は「十声の称名」の意であるのに、その十念を、いまなお、単なる願生の意に解している。「下下品」の「十声の称仏」は、本願に誓われた「十声の称名」を増上縁としているのであり、「南無阿弥陀仏」は明らかに、十願十行を具足している。摂論学派は浄土教の、この教えの真理を理解することができず、錯って、その念仏を唯願だと主張しつづけているのである。

したがって「錯りて」とは、摂論学派が浄土教の称名念仏を、錯って、唯願無行だといったのではなく、本願の十念は、十声の称名の意であるにもかかわらず、その十念に「称」の義をみることができず、いまだ「錯りて」、「願」の意にしか解していないと、善導は主張しているのである。

註

(1) 『真聖全』(一)、四五七頁。
(2) 同右、六八三頁。
(3) 同右、六三五頁。
(4) 『大正蔵』三一、一九四頁上。
(5)―(7) 『真聖全』(一)、六四・六五頁。
(8)(9) 『真聖全』(一)、四五五頁。
(10)―(12) 『浄土宗全書』六、二三頁。
(13) 『真聖全』(一)、六五頁。

(14)『大正蔵』四五、三七一頁下。
(15)『浄土宗全書』六、六二四頁。
(16)『真聖全』(一)、三九八頁。
(17)『大正蔵』四七、三九頁上。
(18)望月信亨『支那浄土教理史』一六一頁。
(19)岩波文庫『浄土三部経』上、三八頁。
(20)曇鸞『浄土論註』八番問答中「第六問答」の大意。『原典版七祖篇』一〇九―一一〇頁。
(21)同右。「氷上燃火」の大意。同右、一四三―一四四頁。
(22)道綽『安楽集』「第一大門第四宗旨不同」の大意。『真聖全』(一)、三八一―三八二頁。
(23)同右。「第二大門第三広施問答」の第四の大意。同右、四〇二頁。
(24)『真聖全』(一)、四一〇頁。
(25)『真聖全』(一)、六四八―六五〇頁。
(26)『法事讃』でこの原文は「欲令識彼荘厳厭斯苦事、三因五念、畢命為期、正助四修、則刹那無間」となっている。この文は今日一般的に「彼の荘厳を識り、斯の苦事を厭ひて、三因・五念畢命を期と為し、正助・四修則ち刹那も間なからしめんと欲し」と読まれている(『真聖全』(一)、五六二頁。『原典版七祖篇』五〇九頁。『浄土宗全書』四、一頁)。ここで「正助四修」の読み方が問題になる。一般的読み方では、『散善義』にみる善導「五正行」の「正助」の思想をここに重ねているが、それでは文意が流れない。やはり三因・五念・四修の関係で、この文は読むべきではないかと考えられる。なおこの読み方に関しては、私の大学院の指導の学生、佐々木重治君の、修士論文の指導中、彼の質問より得たものである。
(27)『往生礼讃』の文、『真聖全』(一)、六七八頁。『観経疏』の文、『真聖全』(一)、五四七頁。

(28)『真聖全』（一）、二七一頁。

(29)―(31)　同右、六四八―六四九頁。

(32)　同右、六五一頁。

(33)　同右、六八三頁。

(34)　同右、五五九―五六〇頁。

(35)　善導の五部九巻の成立順序に関して、藤原凌雪は、『観念法門』→『般舟讃』『法事讃』→『往生礼讃』→『観経疏』としている。この説は今岡達音の『般舟讃』『法事讃』『往生礼讃』→『観念法門』→『観経疏』を改めたものである。福井忍性は藤原説を受けて、『観念法門』→『法事讃』→『般舟讃』→『往生礼讃』→『観経疏』としている。私は善導の往因思想について、阿弥陀仏の本願を増上縁とするという考えと、行道としての「安心・起行・作業」が、一つのキーワードになっているとみる。そうすると、この二つの思想を持っていないのが『般舟讃』であり、「増上縁」が、『観念法門』で確立される。そして行道の確立が『往生礼讃』である。『法事讃』と『観経疏』は、それらの思想を承けているから、これより見てその成立順序は、『般舟讃』→『観念法門』→『往生礼讃』→『法事讃』→『観経疏』となる。

(36)(37)　『真聖全』（一）、四四一頁。

(38)「弘願」と「要門」の関係は、真宗学では真実と方便として捉えているが、今はそのような見方は取らない。

(39)『真聖全』（一）、四四三頁。

(40)　同右、六三五―六三六頁。

(41)『真聖全』（一）、六三六頁。本文では「又四紙弥陀経の中に説くが如し」とあり、その大意。

(42)『真聖全』（一）、六五一頁。

(43)　同右、五七頁。

(44) 同右、五二二頁。
(45) 同右、五三一頁。
(46) 同右、五三二頁。
(47) 同右、五三四頁。
(48) 『真聖全』(一)、五三七―五三八頁。なお「五正行」について、今日の真宗学では、善導思想の中で、五念門行から五正行へという思想の展開を見ているが、五正行は安心、五念門は起行の行であるから、五念門が消えて五正行になったということはありえない。
(49) 『真聖全』(一)、六五頁。『観経』下下品の大意。
(50) 同右、五五五頁。
(51) 同右、六五頁。
(52) 同右、六六頁。
(53) 同右、五五八頁。
(54)(55) 同右、四五七頁。

初出一覧

一、〈無量寿経〉の生因思想

一・二「無量寿経の生因思想（上）」（『真宗学』一〇三号、二〇〇一年）

三〜五「無量寿経の生因思想（下）」（『龍谷大学論集』四五八号、二〇〇一年）

二、中国三祖の十念思想　一　曇鸞の十念思想

「中国三祖の十念思想（一）―曇鸞の十念思想―」（『真宗学』九四号、一九九六年）

付篇『略論安楽浄土義』の一考察

一「『略論安楽浄土義』の一考察―十念思想を中心として―」（『龍谷大学仏教文化研究所紀要』五号、一九六六年）

二「『略論安楽浄土義』の一考察―曇鸞撰述説をめぐりて―」（『宗学院論集』三八号、一九六七年）

三、中国三祖の十念思想　二　道綽の十念思想

「中国三祖の十念思想（二）―道綽の十念思想―」『龍谷大学論集』四五〇号、一九九七年）

四、中国三祖の十念思想　三　善導の十念思想

「中国三祖の十念思想（三）―善導の十念思想―」『龍谷大学論集』四五四号、一九九九年）

あとがき

龍谷大学名誉教授 岡亮二先生は、二〇〇七年（平成十九年）二月十六日、七十三歳で往生の素懐を遂げられました。光陰矢の如く、今年二月には七回忌を迎えることになります。そこでこれを記念して、先生の長期的研究課題であった十念思想の教理史的研究に関する論文を整理し、その中から比較的新しいものを中心に七篇の論文を選び、一冊の本にまとめさせていただきました。

岡亮二先生は、周知の通り、『教行信証』に今私が問うという求道的な姿勢を基本として、文献学がもつ合理的な解釈手法に則って、伝統の教学とは異なる角度から新しい真宗学の樹立に尽くされました。岡先生は、『教行信証』が親鸞の獲信の瞬間を体系化・論理化した書であり、各巻は「信巻」を中心に「今」という時間に貫かれて同時的に重なっているという構造を解き明かされました。また岡先生は、特に『教行信証』「行巻」の理解をめぐって、宗学の煩瑣な行信論を批判した上で、諸仏称名の願（第十七願）は「善知識の説法行を象徴的に示したものである」という独自の理解を示されました。その研究成果は『『教行信証』「行巻」の研究―第十七願の行の解明―』（永田文昌堂、一九九六年）として出版され、二〇〇〇年（平成十二年）に龍谷大学より博士（文学）の学位を授与されました。先生の『教行信証』の理解に対しては、伝統的な宗学者からその方法論をはじめ、しばしば不当な解釈であるとの批判がなされました。しかしながら、行信論に象徴される先生の見解―諸仏の称讃が衆生の信心を成就せしめる―は、全く恣意的な解釈ではなく、どこまでも実証的な教理史的研究に裏付けられた文献学的な解釈によるものであることが、浄土教の十念思想の展開を論じた本書によってより明瞭になるものと思われます。

さて、真宗学の近代化―それは宗学から真宗学への脱皮と一体の関係にありますが―は、大谷大学では西洋の哲学を媒介とした主体的、或いは実存的な研究として展開されてきたのに対して、龍谷大学の場合は主として歴史学を基盤とした客観的・実証的な研究方法を採用する形でもって進められてきた所に特徴があると言えます。そして、その研究成果の一つの到達点が、岡先生も指摘されるように、池本重臣の『大無量寿経の教理史的研究』（永田文昌堂、一九五八年）であったと見ることに異論はないと思われます。岡先生の研究の出発点は、そうした教理史研究を受け継ぐところにこそありました。なかでも岡先生の研究課題は、大学院生時代から一貫して浄土教の生因思想、特に十念思想の研究にありました。先生が大学院生の当時、すでに仏教学的観点から梵本無量寿経の文献学的研究は進み、『無量寿経』の十念の「念」は梵語 citta であり、それは念仏の「念」とは異なる、願生心の相続を意味することが定説化しつつありました。浄土教の教理史上、最初に十念往生を論じたのは曇鸞であると考えられますが、真宗学では未だ曇鸞の十念思想を論ずる場合、江戸宗学の議論の枠内に止まって、それが観念か憶念か、また称念かという議論に終始していました。岡先生はそうした前近代的な方法論の難点を浮き彫りにされ、『無量寿経』から曇鸞へという思想の流れを重視して、『無量寿経』の十念思想が曇鸞によって受容されたことを明らかにしようとされました。そして、さらに摂論学派がこの浄土教の十念を唯願無行であると論難を加えたことを契機として、道綽・善導が十念をどのように解釈し、また展開させていったのかを探究されました。一九六〇年（昭和三十五年）から一九六八年（昭和四十三年）の間に、この問題に焦点を当てた十三篇の論文を精力的に発表されています。これら岡先生の一連の研究によって、浄土教の十念は時代によってその解釈を変遷させてきた、言わば生きた思想であることが明らかになりました。

その後、岡先生は学園紛争の時に、「私にとって念仏とは何か」、「自己にとって信心とは何か」ということが問われたことをきっかけとして、次第に研究の中心を『教行信証』の研究へと移され、結果としてこの分野において数多くの論文、著書を発表されました。ただし晩年は、この『教行信証』の研究と平行して、再び浄土教における十念思想に関する課題を取り上げ、かつて発表された論文内容を補足修正されて、新たに十念に関する六篇の論文を執筆されました。

本書『浄土教の十念思想』は、この六篇のうち、すでに『親鸞の念仏』（法藏館、二〇〇五年）に収載された「親鸞の十念思想」（『真宗学』一〇七号、二〇〇三年）を除く、五篇の論文を収めています。五篇の内容は順に、〈初期無量寿経〉の生因思想を論じた論文と『無量寿経』の十念思想に焦点を合わせた論文、さらに曇鸞・道綽・善導という中国三祖の十念思想をそれぞれ扱った三篇の論文からなります。またこの五篇に加えて、執筆年代が少し古くなりますが、『略論安楽浄土義』に関する二篇の論文を、「曇鸞の十念思想」の付篇として収載することにしました。『略論安楽浄土義』については、今日未だその作者について曇鸞説、非曇鸞説と分かれ結論が出ていません。岡先生のこの二篇の論文は『略論安楽浄土義』の十念思想を検討することにより、それが『浄土論註』よりもむしろ『安楽集』の十念思想に近いことを明らかにすることによって、『略論安楽浄土義』の非曇鸞撰述説を主張されたものので、今日なお評価の高い論文であると言えます。

さて、本書はぜひとも多くの研究者に読んでいただき批判を受けることを願うのはもちろんですが、おそらく岡先生は、特に従来の真宗学に飽き足らない若い研究者、大学院生に読んでもらい、そして凡百でなく志の高い真宗学の道を歩むことを切に願っておられるのではないかと思います。

なお、本書に収載した七篇の論文の初出は一覧の通りですが、漢文の引用については書き下し文に改める等、一部字句を修正し全体の統一を図らせていただきました。もし誤りなどあれば、それはすべて杉岡の責任です。

最後になりましたが、本書の出版を快くお引き受けくださった法藏館西村明高社長と、適切なご教示とご配慮を賜った和田真雄様と岩田直子様に心より感謝申し上げます。

二〇一三年　一月七日

龍谷大学文学部教授　杉岡孝紀

岡　亮二（おか りょうじ）
1933年和歌山県に生まれる。1958年龍谷大学文学部卒業（真宗学専攻）。1967年龍谷大学文学部に奉職。助手、講師、助教授を経て1977年に教授。2000年博士（文学）。2002年龍谷大学名誉教授。2007年2月逝去。著書に『親鸞の信と念仏』（永田文昌堂）、『親鸞の念仏思想』（永田文昌堂）、『教行信証口述50講』第1巻〜第5巻（教育新潮社）、『『教行信証』「行巻」の研究』（永田文昌堂）、『親鸞の念仏』（法藏館）ほか多数。

浄土教の十念思想

二〇一三年三月三〇日　初版第一刷発行

著　者　岡　亮二
発行者　西村明高
発行所　株式会社　法藏館
　京都市下京区正面通烏丸東入
　郵便番号　六〇〇-八一五三
　電話　〇七五-三四三-〇〇三〇（編集）
　　　　〇七五-三四三-五六五六（営業）

装幀者　井上二三夫
印刷・製本　中村印刷株式会社

ISBN978-4-8318-7076-6 C3015